Cymry yn y Gêmau Olympaidd

D0582407

Cymry yn y Gêmau Olympaidd

JOHN MEURIG EDWARDS

CYNGOR LLYFRAU CYMRU

ISBN: 978 184771410 7
Argraffiad cyntaf: 2012

© John Meurig Edwards a'r Lolfa, 2012

Mae John Meurig Edwards wedi datgan ei hawl dan
Ddeddf Hawlfraint, Dyluniadau a Phatentau 1988 i gael ei
gydnabod fel awdur y llyfr hwn.

Cedwir pob hawl. Ni chaniateir atgynhyrchu unrhyw
ran o'r cyhoeddiad hwn, na'i gadw mewn cyfundrefn
adferadwy, na'i drosglwyddo mewn unrhyw ddull na
thrwy unrhyw gyfrwng, electronig, electrostatig, tâp
magnetig, mecanyddol, ffotogopïo, recordio nac fel arall,
heb ganiatâd ysgrifenedig ymlaen llaw gan y cyhoeddwyr,
Y Lolfa, Talybont, Ceredigion, Cymru.

Mae'r prosiect Stori Sydyn/Quick Reads yng Nghymru
yn fenter ar y cyd rhwng Llywodraeth Cymru a Chyngor
Llyfrau Cymru.

Argaffwyd a chyhoeddwyd gan
Y Lolfa, Talybont, Ceredigion SY24 5HE
gwefan www.ylolfa.com
e-bost ylolfa@ylolfa.com
ffôn 01970 832 304
ffacs 832782

CYNNWYS

CEFNDIR Y GÊMAU OLYMPAIDD

Welsoch chi'r Arglwydd Coe, Kelly Holmes yr athletwraig ac eraill yn dathlu ar y teledu? Dathlu roedden nhw mai dinas Llundain fyddai cartref y Gêmau Olympaidd ym 2012. Mae gŵyl chwaraeon fwya'r byd yn dod i Lundain, a bydd miliynau'n gwylio'r cystadlu. Rhaid cofio i'r Gêmau Olympaidd fod yn Llundain ddwywaith cyn hyn, ym 1908 ac ym 1948.

Mae gwreiddiau'r Gêmau Olympaidd yng Ngwlad Groeg. Felly pan aeth y Barwn de Coubertin ac eraill ati i geisio trefnu'r Gêmau ym 1896, yn naturiol fe benderfynon nhw eu cynnal yn Athen. Ar y pryd roedd gêmau llwyddiannus iawn yn cael eu cynnal yn Much Wenlock, Swydd Amwythig. Yn wir, ymweld â'r gêmau hyn ym 1890 wnaeth ysbrydoli de Couberin i gynnal y Gêmau Olympaidd. Mae'n debyg mai digon di-drefn oedd y Gêmau Olympaidd modern cynta hyn, ond yn raddol daeth mwy o siâp ar y trefnu. Yn y diwedd datblygodd y Gêmau Olympaidd a dod yn un o'r digwyddiadau pwysica yn y byd chwaraeon.

Un nodwedd amlwg yn y Gêmau ydi'r rhan mae merched yn ei chwarae ynddyn nhw. Rydyn ni wedi hen dderbyn bellach fod gan ferched yr un hawl â'r dynion i gystadlu. Yn wir, mae cystadlaethau'r merched yr un mor gyffrous i'w gwylio â chystadlaethau'r dynion. Ond nid felly roedd hi yn y gorffennol. O gam i gam y llwyddodd y merched i ennill eu lle. Doedden nhw ddim yn ystyried ei bod hi'n addas trefnu cystadlaethau i ferched yng Ngêmau 1896 a chawson nhw ddim cystadlu.

Mor wahanol ydi'r sefyllfa erbyn hyn. Heddiw caiff merched gystadlu mewn rasys heriol fel y marathon a chwarae gêmau pêl-droed a rygbi. Mae'n debyg y bydd merched yn cael bocsio hyd yn oed yng Ngêmau 2012.

Y ferch gynta o Gymru i ennill medal oedd Irene Steer o Gaerdydd. Enillodd hi fedal aur am nofio yn y ras gyfnewid yng Ngêmau Stockholm ym 1912. Ond oherwydd y daliadau crefyddol a diwylliannol mewn rhai gwledydd, chaiff merched y gwledydd hynny ddim cystadlu yn y Gêmau o hyd.

Datblygiad pwysig arall fu cynnal y Gêmau Paralympaidd. Byddan nhw'n cael eu cynnal yn ystod yr un flwyddyn ac yn yr un stadiwm â'r Gêmau Olympaidd. Yn Rhufain y cawson nhw eu cynnal gynta a hynny ym 1960. Roedden nhw wedi cael eu seilio ar y gêmau a gâi eu cynnal yn Ysbyty Stoke Mandeville, ysbyty sy'n arbenigo ar drin pobl ag anabledd corfforol. Erbyn hyn mae'r Gêmau Paralympaidd wedi dod yn bwysig, ac maen nhw'n boblogaidd iawn. Mae llawer o Gymry wedi cael llwyddiant mawr mewn nifer o gystadlaethau yn y Gêmau Paralympaidd. Bellach mae pobl fel Tanni Grey-Thompson, Dai Roberts a Chris Hallam yn fydenwog.

Nid ydi'r daith o 1896 hyd heddiw wedi bod yn hawdd o bell ffordd i'r Gêmau Olympaidd. Chafodd y Gêmau ddim eu cynnal yn y flwyddyn 1940 na chwaith ym 1944 oherwydd yr Ail Ryfel Byd. Roedd atgasedd a hiliaeth yn amlwg yng Ngêmau Olympaidd Berlin ym 1936, o ganlyniad i'r hyn roedd Hitler yn ei gredu. Roedd e'n ystyried bod yr Iddewon a phobl dduon yn israddol, ac nad oedd lle iddyn nhw yn y Gêmau. Cafodd y syniad hwnnw ei chwalu gan berfformiadau disglair Jesse Owens o'r Unol Daleithiau, gan wneud Hitler yn ŵr blin iawn. Yng Ngêmau Mecsico, 1968, yn ystod y seremoni wobrwyo manteisiodd dau athletwr croenddu o'r Unol Daleithiau, Tommie Smith a John Carlos, ar y cyfle i brotestio yn erbyn hiliaeth ac apartheid. Fe wisgon nhw faneg ddu am eu dyrnau a'u dal yn yr awyr, fel arwydd o rym y duon.

Achlysur trist iawn oedd Gêmau Munich, 1972 gan i derfysgwyr Palesteinaidd herwgipio tîm Israel, a'u dal yn wystlon ym mhentref yr athletwyr. Ar ôl llawer o drafod, cafodd y gwystlon a'r terfysgwyr eu cludo mewn hofrenydd i faes awyr lleol, er mwyn hedfan yn ôl i'r Dwyrain Canol. Ond nid oedd yr Almaenwyr am adael iddyn nhw ddianc yn dilyn y fath weithred, a bu brwydr waedlyd yn y maes awyr. Y canlyniad oedd i dri ar ddeg o bobl gael eu lladd.

Achosodd Gêmau Moscow, 1980, drafferthion hefyd, wedi i fyddin yr Undeb Sofietaidd ymosod ar Affganistan. Penderfynodd nifer o genhedloedd foicotio'r Gêmau y flwyddyn honno, gan gynnwys yr Unol Daleithiau. Er y dadlau penderfynodd Prydain gystadlu.

Cyn dechrau Gêmau 2012, un peth fydd yn creu cryn gyffro fydd taith y fflam Olympaidd o fynydd Olympia yng Ngwlad Groeg i'r stadiwm. Mae'r arferiad hwn wedi'i seilio ar y chwedl Roegaidd am Promethews. Roedd e wedi dwyn tân oddi ar y duwiau ac fe gafodd ei gosbi'n drwm am wneud hynny.

Yng Ngêmau Amsterdam, 1928, y cafodd yr arferiad o gludo'r fflam Olympaidd ei gyflwyno. Mae'r ffagl yn cael ei chynnau gan belydrau'r haul ar fynydd Olympia, cyn cael ei chario ar daith hir gan nifer fawr o redwyr. Bydd y ffagl yn cyrraedd y stadiwm ychydig cyn y seremoni agoriadol. Ar ei thaith i Lundain bydd y ffagl yn dod drwy Gymru, a bydd hi yn ein gwlad ni am rai dyddiau. Yn y Gêmau mae tipyn o ddirgelwch ynglŷn â phwy fydd yn cael y fraint o gario'r ffagl i mewn i'r stadiwm.

Ond beth am ran Cymru yn y Gêmau Olympaidd hyn? Cenedl fach ydyn ni, ond o ystyried ein maint, ry'n ni'n gwneud yn arbennig o dda ym myd chwaraeon. Mae yng Nghymru ddigon o frwdfrydedd wrth gefnogi chwaraeon ac mae i'w weld yn amlwg yn Stadiwm y Mileniwm ar ddiwrnod gêm rygbi ryngwladol. Rhaid cofio hefyd fod nifer o Gymry wedi perfformio'n arbennig o dda yn y Gêmau Olympaidd ar hyd y blynyddoedd. Cawn gyfle i gwrdd â nifer ohonyn nhw a sylweddoli eu camp yn y penodau sydd i ddilyn yn y gyfrol hon.

Ac yntau yng ngŵyl gyhoeddi Eisteddfod Genedlaethol Bro Morgannwg, 2012, cyfeiriodd yr Archdderwydd, Jim Parc Nest, at y Gêmau Olympaidd yn Llundain. Soniodd fod yn rhaid i'r Cymry gystadlu o dan faner Jac yr Undeb, ac na chaiff ein baner genedlaethol, y Ddraig Goch, ei gweld. Bydd yn rhaid i athletwyr o Gymru sy'n ennill medalau aur sefyll ar y podiwm a gwrando ar 'God Save the Queen' yn cael ei chwarae yn hytrach na 'Hen Wlad fy Nhadau'. Roedd e'n galw am ymgyrch i godi baner Cymru yn y Gêmau, ac i anrhydeddu'r Cymry drwy chwarae 'Hen Wlad fy Nhadau'.

Pa mor realistig ydi'r dymuniad hwn? Wel, mae nifer o wledydd â llai o boblogaeth na Chymru yn cymryd rhan yn y Gêmau, a chaiff eu hanthemau a'u baneri nhw eu cydnabod. Cododd dadl ddiddorol ynglŷn â'r gystadleuaeth bêl-droed hefyd. Rhaid creu un tîm i chwarae dros wledydd Prydain yn y Gêmau. Ond nid ydi'r gwledydd Celtaidd am weld eu chwaraewyr yn chwarae o dan faner Prydain Fawr. Mae hyn wedi creu tensiwn a gwrthdaro gan fod llawer o chwaraewyr Cymru am chwarae yn y tîm.

Faint o ran fydd gan Gymru i'w chwarae yn y Gêmau mewn gwirionedd? Mae'n wir y daw rhai timau o wledydd eraill i Gymru i baratoi ac i ddefnyddio ein cyfleusterau. Mae'n wir hefyd mai cystadleuaeth gynta'r Gêmau fydd cystadleuaeth bêl-droed i ferched, ac mai yn Stadiwm y Mileniwm y bydd y gêm gynta yn cael ei chwarae. Ond y teimlad ydi na chafodd Cymru ei haeddiant. Tynnodd ein Prif Weinidog, Carwyn Jones, sylw at y cyfleusterau beicio mynydd sydd gennym ni yma yng Nghymru – rhai o'r cyfleusterau gorau yn y byd ar gyfer y gamp. Ond chafodd y safleoedd hyn mo'u dewis. Ardal Llundain fydd yn elwa yn 2012.

Un peth sy'n sicr. Er gwaetha'r ffaith mai cystadlu fel aelodau o dîm Prydain Fawr fydd ein mabolgampwyr, maen nhw i gyd yn Gymry balch. Er na fyddan nhw'n cael chwifio'r Ddraig Goch na'i gwisgo ar eu dillad, bydd y tân fydd yn eu boliau yn dân Cymreig. Byddan nhw hefyd yn ymdrechu i'r eitha i geisio sicrhau llwyddiant ac anrhydedd i Gymru. Ac mae'r hanesion sy'n dilyn yn sicr yn dangos hynny.

Y LLAMWR O NANT-Y-MOEL:
LYNN DAVIES

GŴR A ACHOSODD GYFFRO a balchder cenedlaethol drwy ennill medal aur Olympaidd yn y naid hir oedd Lynn Davies. Mab i löwr o Nant-y-moel ym Mro Ogwr oedd Lynn, a dechreuodd fagu diddordeb mawr mewn chwaraeon pan oedd yn ddisgybl yn Ysgol Ramadeg Ogwr. Rygbi, pêl-droed, criced a gymnasteg oedd yn boblogaidd ganddo bryd hynny, ac roedd yn chwaraewr addawol iawn. Bu am gyfnod ar lyfrau Clwb Pêl-droed Dinas Caerdydd, fel amatur.

Ond yr hyn a newidiodd ei fywyd oedd cystadlu mewn mabolgampau i ddisgyblion ysgol yng Nghaerdydd. Cafodd hwyl dda arni, a hynny heb lawer o ymarfer. Yn y mabolgampau llwyddodd i ddenu sylw Ron Pickering, Hyfforddwr Cenedlaethol Cymru mewn athletau. Wedi cael sgwrs â Ron dechreuodd Lynn ystyried cymryd at athletau o ddifri yng Ngholeg Hyfforddi Caerdydd. Yn y coleg cafodd ei hyfforddi gan Ron Pickering a datblygodd yn gyflym fel athletwr. Yn wir llwyddodd i redeg yn gynt, gwella ei ffitrwydd a datblygu ei dechneg neidio.

Cyn hir, roedd yn cynrychioli Cymru'n gyson a bu'n cystadlu yng Ngêmau'r Gymanwlad yn

Perth, Awstralia. Ond ei freuddwyd fawr erbyn hyn oedd cael mynd i'r Gêmau Olympaidd yn Tokyo ym 1964. Felly roedd wrth ei fodd pan glywodd iddo gael ei ddewis i dîm Prydain ar gyfer y Gêmau. Roedd yn gwybod y byddai'r gystadleuaeth yno'n un galed ac y byddai goreuon y byd yn cystadlu yn ei erbyn.

Yn niwedd mis Hydref roedd y gystadleuaeth i'w chynnal – tymor y glaw mawr yn Siapan. Ac yn wir, ar ddiwrnod y gystadleuaeth, fyddai'r tywydd ddim wedi gallu bod yn llawer gwaeth. Doedd hi ddim yn hawdd iawn i'r cystadleuwyr neidio gan fod gwynt cryf yn chwythu a'r glaw yn disgyn arnyn nhw. Yn y dyddiau hynny, cols mân oedd ar y trac i redeg arno cyn neidio. Yn naturiol roedd y glaw yn effeithio'n ddrwg ar y trac, gan ei wneud yn fwdlyd ac yn ansefydlog i neidio oddi arno. Mae'n bosibl i hyn fod o gymorth i Lynn, gan ei fod e'n gyfarwydd ag ymarfer yn nhywydd gwlyb Cymru!

Nod Lynn oedd cyrraedd y ffeinal ac ar sail ei berfformiadau cyn y Gêmau, roedd yn credu y byddai siawns ganddo i gipio'r fedal efydd. Roedd dau o fawrion y gamp yn cystadlu yn ei erbyn, sef Ralph Boston o'r Unol Daleithiau, ac Igor Ter-Ovanesyan o'r Undeb Sofietaidd. Yng Ngêmau Rhufain, 1960, roedd Boston wedi ennill y fedal aur, gyda naid o 8.12 metr ac

roedd Ter-Ovanesyan wedi ennill y fedal efydd
â naid o 8.04 metr.

Ar ddiwrnod y gystadleuaeth, mater o geisio
osgoi'r gwynt cryfa oedd hi, a gobeithio y
byddai'r gwynt yn gostegu tipyn wrth iddyn
nhw neidio. Erbyn i Lynn gyrraedd ei bumed
rownd, roedd y gwynt wedi tawelu ychydig a
bant â fe i lawr y trac. Hedfanodd drwy'r awyr,
a rhoddodd y naid honno Lynn ar y blaen yn
y gystadleuaeth, er mawr lawenydd iddo. Ond
roedd dau o'r enillwyr medalau yn Rhufain
eto i neidio, sef Boston a Ter-Ovanesyan. Wrth
ddisgwyl i'r ddau hyn neidio roedd calon Lynn
yn ei wddf.

Ond awr fawr y Cymro oedd hi! Roedd Lynn
wedi ennill gyda naid o 8.07 metr, a hynny o
dan amgylchiadau ofnadwy. Y gorau y gallai
Boston ei neidio i geisio cipio'r fedal arian oedd
8.03 metr, a chipiodd Ter-Ovanesyan y fedal
efydd gyda naid o 7.99 metr.

Wedi'i fuddugoliaeth, dychwelodd Lynn i
Gymru a chael croeso tywysogaidd. Daeth yn
arwr cenedl ac oherwydd ei natur dawel a di-
ffws, roedd yn gymeriad poblogaidd iawn.

Ond o fewn pedair blynedd daeth yn bryd
iddo unwaith eto fentro i'r Gêmau Olympaidd.
Dinas Mecsico oedd y lleoliad y tro hwn, ac os
mai tywydd garw oedd problem Tokyo, roedd

problem arall yn Ninas Mecsico. Mae'r ddinas
wedi'i lleoli 2,134 metr uwchlaw lefel y môr ac
ar yr uchder yma mae'r aer yn llawer teneuach
nag ydi ar lefel y môr. Cyn y Gêmau bu cryn
helynt ynglŷn â hyn, gyda rhai'n proffwydo y
byddai'r cystadleuwyr yn dioddef yn ofnadwy.
Roedd gofid mawr am y rhai fyddai'n cystadlu
yn y rasys hir, megis y marathon a'r ras 10,000
metr. Roedd rhai'n dadlau y byddai mantais
bendant gan gystadleuwyr oedd yn byw mewn
gwledydd mynyddig, uchel, dros y rhai oedd
yn byw ar lefel y môr.

Yna dechreuodd cwyno a phrotestio o fath
arall. Roedd llawer o bobl yng ngwlad Mecsico
yn anhapus ynglŷn â chost cynnal y Gêmau
yno. Dechreuodd myfyrwyr yn benna brotestio
ar strydoedd y ddinas. Er gwaetha ymdrechion
yr awdurdodau, lledu wnaeth y protestio, a
hynny dim ond ychydig amser cyn i'r Gêmau
agor. O'r diwedd, ddeg diwrnod cyn yr agoriad
swyddogol, ymosododd y fyddin ar y protestwyr
a hynny'n greulon. Cafodd 260 eu lladd a dros
1,200 eu hanafu. Yn dilyn y creulondeb hwn
fe lwyddon nhw i dawelu'r protestiadau ac ni
fu unrhyw drafferth wedi hynny yn ysod y
Gêmau.

Mae'n werth cofio hefyd mai yng Ngêmau
Mecsico y cafodd trac synthetig Tartan ei

17

ddefnyddio am y tro cynta. Yn wahanol iawn i Tokyo, byddai gan Lynn arwyneb glân a chyson i redeg arno, yn wir un y gallai ddibynnu arno.

Ond er cymaint yr edrychai Lynn a'r neidwyr eraill ymlaen at y gystadleuaeth, cafodd eu gobeithion eu chwalu. Yn gynnar iawn yn y gystadleuaeth llwyddodd Bob Beamon o'r Unol Daleithiau i dorri calonnau'r cystadleuwyr eraill. Roedd Bob yn neidiwr talentog, ond anghyson oedd ei berfformiadau. Manteisiodd Bob yn llawn ar aer tenau Dinas Mecsico a'r trac synthetig yn ei rownd agoriadol. Rhoddodd naid anferth gan chwalu record y byd yn deilchion. Cyn hynny, 8.35 metr oedd record y byd ond roedd naid Beamon yn 8.90 metr, sef 55 centimetr yn hirach – naid anhygoel felly! Allai'r gwylwyr ddim credu eu bod yn dyst i'r fath naid. Wrth neidio roedd Beamon fel pe bai'n hongian yn yr awyr am hydoedd cyn glanio yn y tywod. Cafodd Beamon ei hunan sioc wrth weld maint y naid, a'r hyn sy'n ddiddorol ydi na ddaeth yn agos at neidio'r un pellter byth wedyn. Heb unrhyw amheuaeth bu'r aer tenau o gymorth mawr iddo. Ffaith ddiddorol arall ydi i record byd y naid driphlyg hefyd gael ei thorri a hynny naw gwaith yn ystod y gystadleuaeth ym Mecsico.

Wrth weld y fath naid anferth, chwalwyd

hyder ac ysbryd gweddill y cystadleuwyr. Collodd y gystadleuaeth ei hapêl gan ei bod hi'n amlwg i bawb pwy fyddai'n ennill y fedal aur. Roedd naid Klaus Beer o'r Almaen am y fedal arian yn un deilwng iawn (8.19 metr), a hefyd ymdrech Boston i gipio'r fedal efydd (8.16 metr). Ond digon pitw oedden nhw o'u cymharu â phellter anhygoel naid Bob Beamon. Felly dychwelyd o Fecsico heb ennill medal a wnaeth Lynn.

Fe fu'n cystadlu hefyd yn ei drydydd Gêmau Olympaidd ym Munich ym 1972, ond erbyn hyn roedd to newydd o neidwyr yn codi. Nid ydi'n syndod felly nad ydi ei enw fe, na Boston, na Ter-Ovanesyan ymysg medalwyr Munich.

Yn sgil ei fedal aur, daeth clod a bri i Lynn, a daeth yn arwr cenedlaethol. Roedd Cymry wedi ennill medalau aur o'r blaen, ond fel aelodau o dimau neu dimau cyfnewid. Lynn oedd y Cymro cynta i ennill medal aur unigol. Ef hefyd oedd yr athletwr cynta o Brydain i ddal medalau aur yn y Gêmau Olympaidd, y Gêmau Ewropeaidd a Gêmau'r Gymanwlad i gyd ar yr un pryd – tipyn o gamp!

Yn ddiweddarach daeth nifer o anrhydeddau iddo, ac yng Ngêmau Moscow, 1980, a Los Angeles, 1984, ef oedd Rheolwr Tîm Prydain Fawr. Enillodd hefyd deitl Personoliaeth

Chwaraeon y Flwyddyn BBC Cymru ddwywaith. Erbyn hyn, ef ydi Llywydd UK Athletics.

Mae Lynn yn Gymro i'r carn a bob amser yn barod i arddel ei Gymreictod. Roedd ennill y fedal aur yn wobr deilwng iawn i ŵr bonheddig ac athletwr o fri.

GWŶR Y CEFFYLAU

CYN 1972, ROEDD CYMRY'N amlwg iawn ymysg enillwyr medalau Olympaidd yn y cystadlaethau marchogaeth. Rhwng 1948 a 1972 enillodd y Cymry saith o fedalau – pedair aur a thair efydd. Pwy enillodd yr holl fedalau hyn? Wel tri dyn a dweud y gwir, sef Syr Harry Llewellyn, David Broome a Richard Meade.

Cafodd Syr Harry Llewellyn ei eni yn Aberdâr, ac roedd yn reidiwr arbennig o dda. Fel rhan o dîm Prydain Fawr, llwyddodd i ennill medal efydd yng Ngêmau Olympaidd Llundain, 1948. Ond eto i gyd, y fedal aur a enillodd yng Ngêmau Olympaidd Helsinki, 1952, a'i gwnaeth e'n ddyn enwog.

Un peth pwysig am y Gêmau hyn oedd fod y Rwsiaid wedi cystadlu ynddyn nhw a hynny am y tro cynta ers 1912. Felly, roedd y Rwsiaid yn benderfynol o wneud eu marc yn y Gêmau hyn. Gwnaethon nhw argraff wael iawn ar y cystadleuwyr eraill gan eu bod wedi mynnu cael pentref ar wahân iddyn nhw'u hunain. Roedden nhw hefyd yn llawn hyder mai nhw fyddai'n ennill y nifer mwya o bwyntiau a medalau yn y Gêmau. Felly, fe godon nhw sgorfwrdd mawr yn eu pentref a hwnnw'n dangos safle'r gwahanol wledydd – a Rwsia ar ben y rhestr

21

wrth gwrs. Ond tua diwedd y Gêmau aeth yr Unol Daleithiau ar y blaen. Beth wnaethon nhw wedyn? Wel, fe dynnon nhw'r sgorfwrdd i lawr ar unwaith. Gwelodd un newyddiadurwr hyn yn digwydd, a'r pennawd yn ei bapur newydd yn dilyn hyn oedd: 'Russians caught with points down!'

Ond yn ôl at Syr Harry. Roedd y gystadleuaeth tîm yn Helsinki yn gyffrous, ac roedd tîm Prydain o fewn cyrraedd i'r fedal aur. Er hynny roedd angen rownd glir arnyn nhw i gyflawni hynny, ac roedd y cyfan yn dibynnu ar berfformiad Syr Harry ar ei geffyl Foxhunter. Nid oedd wedi cael rownd gynta addawol iawn, ond o dan bwysau enfawr, cafodd rownd glir i sicrhau'r fedal aur. Daeth enw'r ceffyl Foxhunter yn enwog drwy Brydain, ac roedd Syr Harry yn arwr wrth gwrs. Pan fu farw'r ceffyl, cafodd gweddillion Foxhunter eu claddu ar fynydd y Blorens. Yn y fan honno, rhwng y Fenni a Blaenafon, mae plac i gofio am y ceffyl. Gerllaw'r gofeb mae maes parcio a gaiff ei adnabod yn lleol fel 'Maes Parcio Foxhunter'. Tybed ai hwn ydi'r unig faes parcio yng Nghymru sy wedi'i enwi ar ôl ceffyl? Pan fu farw Syr Harry ym 1999, cafodd ei lwch yntau ei wasgaru yn y fan honno hefyd.

Yng Ngêmau Rhufain, 1960, daeth seren arall o Gymru yn amlwg iawn hefyd. Gŵr ifanc

20 oed oedd David Broome, ac roedd wedi'i fagu mewn cartref â lle amlwg i geffylau a merlod. Roedd ei dad yn ddyn ceffylau o fri, ac nid rhyfedd felly i'r David ifanc fagu cariad at geffylau a marchogaeth. Dysgodd y grefft o reidio ceffylau yn ifanc iawn a'i pherffeithio drwy gystadlu mewn nifer fawr o sioeau bychain ledled y wlad.

Roedd wrth ei fodd pan glywodd ei fod wedi'i ddewis i dîm Prydain ar gyfer Gêmau Olympaidd Rhufain, 1960, ac yntau mor ifanc. Doedd e ddim yn breuddwydio bryd hynny, mae'n siŵr, y byddai'n aelod o dîm Prydain mewn Gêmau Olympaidd bum gwaith. Ie, fe ydi'r unig reidiwr o Brydain sy wedi cyflawni'r gamp honno. Ef hefyd ydi'r unig reidiwr o Brydain sy wedi ennill dwy fedal Olympaidd unigol – yn Rhufain, 1960, ac ym Mecsico, 1968. Yn ogystal â hynny daeth yn Bencampwr Byd fel reidiwr amatur a phroffesiynol, a bu'n Bencampwr Ewrop bedair gwaith. Felly cafodd yrfa hir a llwyddiannus iawn gyda'i geffylau.

Yn Rhufain y cychwynnodd ei yrfa Olympaidd a chafodd fraw wrth gerdded o gwmpas y cwrs a gweld pa mor uchel y byddai'n rhaid i'r ceffyl neidio. Yn y rowndiau cynnar yn y Piazza de Siena, roedd pawb yn ei chael hi'n anodd, oherwydd natur y cwrs. Cafodd

Broome a'i geffyl Sunsalve 16 ffawt yn y rownd gynta a 7 ffawt yn yr ail. Doedd pethau ddim yn edrych yn dda arno. Gwyliodd yn bryderus wrth i weddill y cystadleuwyr fynd o gwmpas y cwrs. Roedd e'n meddwl nad oedd ganddo obaith o gyrraedd y rowndiau terfynol. Ond wrth weld y lleill i gyd yn eu tro yn gwneud camgymeriadau, cododd ei obeithion. Er bod ganddo 23 ffawt, synnodd wrth weld ei fod yn y trydydd safle.

Nawr roedd yn rhaid wynebu berw'r Stadiwm Olympaidd yn Rhufain. Erbyn i'r ail rownd gael ei chynnal yn y prynhawn, roedd y lle'n orlawn, a Broome yn teimlo'n nerfus iawn. Ond llwyddodd i reoli ei nerfau a chael rownd glir – un o'r ychydig rai i wneud hynny ar gwrs anodd iawn. Felly roedd y fedal efydd yn ddiogel ganddo. Yn fuan wedi'r Gêmau yn Rhufain, bu'n cystadlu ym Mhencampwriaethau'r Byd, a dod yn drydydd yno hefyd.

Yng Ngêmau Mecsico, 1968, roedd Broome yn cystadlu ar geffyl arbennig arall, Mr Softee. Fel yr athletwyr, roedd yn rhaid i'r ceffylau addasu i'r aer main gan eu bod mor uchel uwchlaw'r môr. Roedd yr enwog Harvey Smith yn rhan o dîm Prydain hefyd ac ar un adeg yn y gystadleuaeth roedden nhw mewn sefyllfa gref i ennill y fedal aur. Yn anffodus cafodd eu gobeithion eu chwalu wrth i un aelod o'r tîm gael ei ddiarddel o'r gystadleuaeth. Perfformiodd Mr Softee yn wych. Eto i gyd, roedd pawb yn ddigalon gan eu bod yn sylweddoli i'r fedal aur fod o fewn eu cyrraedd.

Yn y cyfnod disglair hwn i farchogaeth ym Mhrydain, enillodd y tîm a'r unigolion nifer o fedalau ym Mhencampwriaethau'r Byd ac Ewrop. Daeth anrhydeddau eraill i David Broome hefyd gan iddo ennill teitl Personoliaeth Chwaraeon y BBC ym 1960, a Phersonoliaeth Chwaraeon Cymru ddegawd yn ddiweddarach, ym 1970.

Yr ola o wŷr y ceffylau ydi Richard Meade ac ef oedd y mwya llwyddiannus o'r tri. Enillodd dair medal aur Olympaidd ym 1968 a 1972. Brodor o Gas-gwent oedd Richard, a bu'n cynrychioli Prydain mewn Gêmau Olympaidd bedair gwaith, rhwng 1964 a 1976.

Dechreuodd ei yrfa Olympaidd yng Ngêmau Tokyo, 1964, lle roedd yn cystadlu ar geffyl o'r enw Barberry. Er iddo fod ar y blaen am gyfnod yn y gystadleuaeth, bu'n rhaid iddo fodloni ar yr wythfed safle.

Ym Mecsico bedair blynedd yn ddiweddarach, bu bron iddo ennill medal unigol, ar gefn Cornishman V, ond dod yn bedwerydd wnaeth e yn y diwedd. Eto i gyd, gwnaeth tîm Prydain yn arbennig o dda, gan ddod yn gynta, ac felly dychwelodd Richard o Fecsico gyda medal aur. Yr un fu'r hanes ym Munich, 1972, a thîm Prydain yn fuddugol yn y gystadleuaeth farchogaeth dros dri diwrnod. Laurieston oedd y ceffyl y tro hwn. Yn wir perfformiodd Richard Meade a'i geffyl Laurieston yn wych a llwyddo i ennill y fedal aur unigol yn ogystal. Felly dychwelodd Richard gyda dwy fedal aur o'r Gêmau hyn. Yn dilyn ei lwyddiant ysgubol, enillodd y teitl Personoliaeth Chwaraeon y BBC ym 1972.

Do, daeth marchogaeth yn sicr â nifer dda o fedalau i Gymru, a gallwn ymfalchïo yn llwyddiant y tri gŵr arbennig hyn. Ers llwyddiant Richard Meade ym 1972, ni lwyddodd y Cymry i ennill yr un fedal Olympaidd yn y gamp arbennig hon. Tybed pa mor hir y bydd yn rhaid i ni aros am fedal arall gan reidiwr ar gefn ceffyl?

RHAI PERFFORMWYR NODEDIG

Wrth ddarllen hanes ein mabolgampwyr, maen nhw'n aml yn sôn mai pinacl eu gyrfaoedd oedd cael eu dewis i gystadlu yn y Gêmau Olympaidd. A pha ryfedd. Yn y Gêmau bydd goreuon y byd yn cystadlu yn erbyn ei gilydd mewn amrywiaeth eang o gampau a gêmau. Yr enillwyr sy'n cael medalau, ond bydd llawer o berfformiadau da eraill gan gystadleuwyr na fydd wedi ennill medalau. A bu gan Gymru ei siâr o bobl o'r fath.

Un gamp y mae Cymru wedi cynhyrchu nifer fawr o bencampwyr ynddi ydi bocsio. Ond y syndod mawr ydi mai dim ond un fedal Olympaidd a gafodd ei hennill gan ein bocswyr, a hynny gan Ralph Evans. Enillodd e fedal efydd yng Ngêmau Munich ym 1972, yn bocsio yn yr adran pwysau plu ysgafn.

Ond bedair blynedd yn ddiweddarach, yng Ngêmau Montreal, cafodd bachgen ifanc 17 oed ei ddewis i gynrychioli Prydain yn y gystadleuaeth bocsio pwysau welter. Colin Jones o Gorseinon oedd e, a fe oedd y bocsiwr ifanca erioed ar y pryd i gael ei ddewis yn aelod o dîm Prydain. Ar ôl llwyddo yn rownd gynta y gystadleuaeth heb orfod ymladd, wynebodd Colin Wyddel o'r enw Eamon McLoughlin,

27

a llwyddo i ennill ar bwyntiau. Yn yr ornest nesa, roedd yn rhaid i'r llanc ifanc wynebu gŵr a oedd yn ei drydydd Gêmau Olympaidd, sef Victor Zilberman o Rwmania. Profiad enillodd y dydd ac aeth Zilberman ymlaen wedyn i gipio'r fedal efydd.

Ymhen ychydig, fe drodd Colin yn focsiwr proffesiynol, a daeth yn bencampwr Prydain, y Gymanwlad ac Ewrop. Ond ry'n ni'n ei gofio fe'n benna am y ddwy ornest epig a ymladdodd yn erbyn Milton McCrory am Bencampwriaeth y Byd. Cyfartal oedd yr ornest gynta, a dim ond drwy fwyafrif yr enillodd McCrory'r ail. Mae Colin Jones yn sicr yn hawlio'i le yn oriel ein harwyr.

Ychydig iawn o fabolgampwyr a all hawlio iddyn nhw ddod i'r brig a rhagori mewn mwy nag un gamp. Daw enwau fel Nigel Walker a Non Evans i'r meddwl, ond un o anwyliaid y genedl yn sicr oedd Ken Jones o Flaenafon, a enillodd 44 o gapiau rygbi i Gymru rhwng 1947 a 1957. Bu Ken yn gapten ar dimau rygbi Casnewydd a Chymru, yn ogystal â bod yn gapten ar dîm athletau Prydain. Ar y cae rygbi, ry'n ni'n cofio'n benna ei gyflymder anhygoel ar yr asgell ac am y cais a sgoriodd yn erbyn y Crysau Duon ym 1953. Pan ddaeth y Gêmau Olympaidd i Lundain ym 1948, cyrhaeddodd

Ken y rownd gynderfynol yn y ras 100 metr. Gwnaeth yn well na hynny yn y ras gyfnewid 4×100 metr, a llwyddodd tîm Prydain i ennill y fedal arian. Er i dîm yr Unol Daleithiau, a enillodd y fedal aur, gael eu diarddel, apeliodd yr Americanwyr yn erbyn y dyfarniad. Roedd yr apêl yn llwyddiannus, felly, bu'n rhaid i Brydain fodloni ar y fedal arian.

Gyda llaw, nid Ken oedd yr unig Gymro i ennill medal am redeg yng Ngêmau Llundain. Daeth gŵr eiddil yr olwg o Dorfaen yn ail yn y marathon. Ei enw oedd Thomas Richards ac mewn ras hynod o gyffrous, llwyddodd y Cymro gwydn i ddal ei dir ac ennill y fedal arian. Tipyn o orchest.

Athletwr arall o fri oedd Berwyn Price o Dredegar, a fu'n cystadlu yn y 1970au. Wedi ennill y fedal arian yng Ngêmau'r Gymanwlad ym 1974, aeth gam ymhellach yng Ngêmau'r Gymanwlad yn Edmonton ym 1978 a chipio'r fedal aur yn y ras 110 metr dros y clwydi. Enillodd hefyd y fedal aur yng Ngêmau Myfyrwyr y Byd ym Moscow, 1973, a hynny mewn amser oedd yn record i Brydain a'r Gymanwlad ar y pryd. Cafodd ei ddewis i gynrychioli Prydain ddwywaith yn y Gêmau Olympaidd – ym Munich, 1972, a Montreal, 1976. Er na lwyddodd Berwyn i gyrraedd y rownd derfynol, bu yn y ras gynderfynol ar y ddau achlysur.

Yn y 1950au, athletwr amlyca Cymru oedd John Disley, yn enedigol o Gorris. Y ras ffos a pherth dros 3,000 metr oedd ei arbenigedd e – ras greulon, sy'n gofyn am gryfder a thechneg arbennig iawn. Datblygodd John fel athletwr yn ystod ei gyfnod yng Ngholeg Loughborough ac aeth ymlaen i sefydlu pum record Brydeinig yn y ras ffos a pherth, yn ogystal â phedair record am y ras ddwy filltir. Yn dilyn ei berfformiadau disglair, cafodd ei ddewis i dîm Prydain ar gyfer Gêmau Olympaidd Helsinki ym 1952. Roedd e ar ei orau yn ystod y cyfnod hwn ac yn ei ail ras yn Helsinki, llwyddodd i'w rhedeg dan naw munud – y Prydeiniwr cynta i wneud hynny. Ond chafodd John ddim cystal hwyl arni yn y ffeinal, a bu'n rhaid iddo fodloni ar y fedal efydd. Yr Americanwr Horace Ashenfelter enillodd y ras.

Yng Ngêmau Melbourne ym 1956, er iddo redeg ei ras mewn 8 munud a 44.6 eiliad yn y ffeinal, chweched siomedig oedd e. Roedd seren Brydeinig newydd yn y ffurfafen, a llwyddodd Chris Brasher i ennill mewn 8 munud a 41.2 eiliad, gan dorri'r record Brydeinig yn ogystal â'r record Olympaidd.

Roedd John Disley yn rhedwr mynydd o

fri hefyd, a thorrodd y record am redeg dros y copaon sydd dros 3,000 troedfedd yng Nghymru. Roedd hefyd yn un o'r rhai a fu'n gyfrifol am sefydlu cyfeiriadu (orienteering) ym Mhrydain. Gyda Chris Brasher roedd yn un o sylfaenwyr Marathon Llundain hefyd ym 1981.

Enillodd deitl Personoliaeth Chwaraeon y Flwyddyn BBC Cymru ym 1955. Fe oedd yr ail i ennill yr anrhydedd newydd hon – Ken Jones oedd y cynta. Ac ym 1979 cafodd y CBE am ei holl waith ym maes gweithgareddau awyr agored.

Wrth astudio tabl enillwyr medalau Olympaidd o Gymru, fe welwn mai dim ond un fedal a gafodd ei hennill mewn hwylio, a hynny yng Ngêmau Sydney, 2000. Medal arian oedd hi ac Ian Barker enillodd hi, yn y dosbarth hwylio 49er. Ei bartner oedd Simon Hiscocks ac roedd hi'n ras ddigon anodd, yn benna oherwydd y gwynt. Fe gafodd y ddau ohonyn nhw ddechrau da i'r ras, ond ymhen fawr o dro collon nhw dir a disgyn i'r trydydd safle. Bu'n frwydr galed rhyngddyn nhw a'r Unol Daleithiau am yr ail safle, ond llwyddodd y ddau i gipio'r fedal arian, a bu'n rhaid i'r Americanwyr fodloni ar efydd. Enillwyr y ras, gyda llaw, oedd tîm y Ffindir.

Y GORAU ERIOED?
COLIN JACKSON

DYWEDODD CYN-BRIF WEINIDOG CYMRU, Rhodri Morgan, unwaith mai Colin Jackson oedd 'yr athletwr gorau o Gymru erioed', ac mae'n siŵr y byddai'r mwyarif ohonon ni'n cytuno â'r farn honno. Cafodd deyrnged arall gan Michael Johnson, yr Americanwr gwych hwnnw a oedd yn curo pawb mewn rasys dros 400 a 200 metr. Dywedodd ef mai Colin oedd y gwibiwr gorau erioed dros y clwydi.

Mae record yr athletwr o Gaerdydd yn dweud y cwbl. Enillodd bedair medal aur yn olynol ym Mhencampwriaethau Ewrop, ym 1990, 1994, 1998 a 2002 – y tro cynta erioed i unrhyw un gyflawni hyn ar y trac. Enillodd ddwy fedal aur yng Ngêmau'r Gymanwlad, yn Auckland, 1990, a Victoria, 1994, a dwy fedal aur arall ym Mhencampwriaethau'r Byd yn Stuttgart, 1993, a Seville, 1999. Yn wir, enillodd bum medal ar hugain yn y prif bencampwriaethau. Mae'r cyfanswm hwn o fedalau'n fwy nag y gwnaeth unrhyw athletwr arall o Brydain ei ennill. Tipyn o record!

Cafodd yrfa eithriadol dros ddeunaw mlynedd, gan ddal record y byd am y ras 110 metr dros y clwydi, yn ogystal â'r record byd dan do yn y ras 60 metr dros y clwydi. Mae'n anodd credu felly mai dim ond un fedal Olympaidd a enillodd, sef y fedal arian yng Ngêmau Olympaidd Seoul, 1998. Roedd yn rhaid i enillydd y ras honno, Roger Kingdom, greu record newydd i'r Gêmau Olympaidd o 12.97 eiliad i guro Colin.

Beth oedd yn gwneud Colin yn athletwr mor arbennig, a pham ei fod wedi cael y fath yrfa wych? Y nodwedd bwysica yn sicr oedd ei agwedd at ei gamp. Roedd yn gwybod, er mwyn cyrraedd y brig, y byddai'n rhaid iddo ddisgyblu ei hunan yn llym, a hynny dros gyfnod maith. Felly bu'n rhaid iddo anghofio am lawer o'r pleserau roedd ei ffrindiau'n eu mwynhau. Mae'n cyfaddef bod yr awydd cryf i ennill yn rhan o'i gymeriad ers pan oedd yn blentyn, a byddai'n casáu colli mewn unrhyw gêm neu weithgaredd. Ond doedd yr awydd i ennill ynddo'i hun ddim yn ddigon i lwyddo. Rhaid wrth waith caled i sicrhau hynny.

Ffactor arall yn llwyddiant Colin oedd ei fod yn ymarfer a pharatoi'n drwyadl iawn ar gyfer ras. I sicrhau dycnwch a nerth yn ogystal â chyflymdra, byddai'n rhaid paratoi'n fanwl ar ddechrau tymor, o dan lygad barcud ei hyfforddwr, Malcolm Arnold. Pan na fyddai'r gwaith sylfaenol hwn wedi'i wneud, byddai

33

Colin yn teimlo'n euog ac yn anniddig.

Gallai'r awydd i sicrhau bod y corff mewn cyflwr perffaith droi'n obsesiwn ar brydiau. Cyn Pencampwriaethau'r Byd yn Stuttgart ym 1993, roedd e'n bwyta cyn lleied nes ei fod yn edrych yn denau ac yn esgyrnog. Roedd rhai hyd yn oed yn awgrymu ei fod yn anorecsig. Er bod anaf neu ddau yn ei boeni, dangosodd ei allu yn y ffeinal, a llwyddo i ennill y fedal aur mewn record byd, bryd hynny, o 12.91 eiliad.

Roedd ennill yn Stuttgart yn drobwynt yn ei yrfa, a'r blynyddoedd rhwng 1993 a 1995 oedd y rhai mwya llwyddiannus iddo. Cafodd rediad o 44 ras heb golli, yn wir roedd yn teimlo na allai golli. Dyma'r cyfnod hefyd pan sefydlodd record byd newydd dan do dros 60 metr, gan ennill mewn 7.30 eiliad yn Sindelfingen, yn yr Almaen. Mae llwyddiant y blynyddoedd hyn yn profi i ni ei fawredd fel athletwr, oherwydd roedd yn cystadlu yn erbyn mawrion y grefft o wibio dros y clwydi – gwibwyr fel Greg Prosser, Roger Kingdom, John Ridgeon, Jack Pierce, Tony Dees, Allen Johnson ac eraill.

Ei Gêmau Olympaidd mwya llwyddiannus oedd ei rai cynta yn Seoul, 1998, a daeth oddi yno wedi cipio'r fedal arian. Yn dilyn y llwyddiant hwn, aeth i Gêmau Barcelona ym 1992 yn llawn hyder ac wedi paratoi'n drylwyr. Yn anffodus, anafodd Colin ei hun yn un o'r rowndiau rhagbrofol, drwy rwygo cyhyr, ac roedd hyn yn rhoi cryn boen iddo. Ond oherwydd ei benderfyniad, llwyddodd i gyrraedd y rownd derfynol, a dod yn seithfed. Roedd yn ddigon o ddyn i gyfaddef mai arno ef ei hun roedd y bai, gan ei fod yn orhyderus, a ddim wedi cymryd y ras ragbrofol ddigon o ddifri. Cyfaill iddo, Mark McCoy o Ganada, enillodd, mewn amser o 13.12 eiliad – roedd Colin wedi rhedeg yn gynt na hynny yn un o'r rowndiau rhagbrofol. Deg diwrnod wedyn, mewn ras ym Monaco, gyda'r un cystadleuwyr yn union ag a oedd yn y ffeinal yn Barcelona, enillodd Colin mewn amser o 13.10 eiliad – dau ganfed o eiliad yn gynt na'r amser a enillodd y fedal aur i McCoy yn Barcelona. Yn ychwanegol at y siom o golli yn Barcelona, roedd rhai pobl yn y wasg yn dweud mai esgus oedd anaf Colin, am ei fod yn gwybod y byddai'n colli'r ras. Llwyddodd ei fuddugoliaeth ym Monaco i gau eu cegau.

Erbyn i Gêmau Atlanta, 1996, gyrraedd, roedd y disgwyliadau ar Colin yn uchel drachefn, a phawb yn teimlo bod ganddo gyfle gwych i ennill y fedal aur. Ond unwaith eto, cafodd anaf, a chiliodd pob gobaith am fedal. Erbyn Sydney, 2000, roedd Colin yn wynebu ei bedwerydd Gêmau Olympaidd – camp aruthrol i rywun sy'n cystadlu mewn ras mor gyflym â'r 110 metr dros y clwydi. Perfformiodd yn anrhydeddus unwaith eto, gan ddod yn bumed.

Mae'n rhaid i bopeth da ddod i ben, a gwyddai Colin pa mor bwysig oedd hi i orffen ei yrfa ar yr adeg iawn. Penderfynodd y byddai'n ymddeol ym Mhencampwriaethau'r Byd dan do yn Birmingham yn 2003. Pumed oedd e yn y ras honno, ond dangosodd cymeradwyaeth y dyrfa pa mor annwyl a phoblogaidd oedd y Cymro. Roedd rhai'n credu y byddai'n newid ei feddwl ac yn dal ati hyd Gêmau Olympaidd Athen yn 2004. Ond, fel yn ystod ei yrfa, unwaith roedd y penderfyniad wedi'i wneud, doedd dim troi'n ôl i fod. Roedd e'n broffesiynol hyd y diwedd, a daeth gyrfa oedd wedi ymestyn dros 18 mlynedd i ben, ac yntau'n 36 oed.

Y CEWRI MAWR NERTHOL

ERS Y 1950 DAETH llwyddiant i ran nifer o godwyr pwysau a daeth y gamp yn boblogaidd iawn yng Nghymru.

Un o'r sêr oedd Mel Barnett, a enillodd dair medal arian Ewropeaidd ac un fedal efydd ym Mhencampwriaethau'r Byd. Codwr gwych arall oedd Iorrie Evans ac ef oedd y codwr pwysau cynta o Gymru i gystadlu mewn Gêmau Olympaidd, a hynny yn Helsinki ym 1952.

Nid ydi'r Cymry wedi llwyddo hyd yn hyn i ennill medal yn y cystadlaethau codi pwysau yn y Gêmau Olympaidd, er iddyn nhw lwyddo yng Ngêmau'r Gymanwlad. Mae codwyr pwysau wedi ennill mwy o fedalau i Gymru nag a wnaeth cystadleuwyr mewn unrhyw gamp arall yn y gêmau hynny. Un o sêr yr wythdegau oedd Andrew Davies, ac uchafbwynt ei yrfa oedd ennill medal aur y Gymanwlad ym 1990 yn Auckland. Enw arall cyfarwydd i ni ydi enw'r cawr Terry Perdue, a oedd yn nhîm Prydain yng Ngêmau Olympaidd Mecsico, 1968, a Munich, 1972. Yn amlwg cafodd ddylanwad ar ei fab o'r un enw, Terry Perdue. Bu e'n cystadlu yng Ngêmau'r Gymanwlad deirgwaith, yn ogystal â Phencampwriaethau Prydain, Cymru a'r Byd.

Rhaid peidio ag anghofio'r merched. Cafodd

Michaela Breeze yr anrhydedd o fod yn gapten ar dîm Cymru yng Ngêmau'r Gymanwlad yn Delhi, 2010. Bu hithau'n llwyddiannus iawn yng Ngêmau'r Gymanwlad, gan ennill dwy fedal aur a dwy arian. Cafodd hi hefyd ei dewis i fod yn aelod o dîm Prydain ar gyfer Gêmau Olympaidd 2004 a 2008.

Ond mae un codwr pwysau o Gymru sydd wedi dod â mwy o glod i Gymru na neb arall, a hwnnw ydi David Morgan. Er iddo gael ei eni yng Nghaergrawnt, penderfynodd gystadlu dros Gymru, gan fod ei dad yn dod o Bontypridd.

Fel nifer o fechgyn yn eu harddegau, roedd y David ifanc am gael corff cryf. Felly, pan welodd gwrs datblygu corff yr enwog Charles Atlas yn cael ei hysbysebu, anfonodd amdano, a bwrw ati i wneud yr ymarferion. Fe weithiodd yr holl ymarfer a chyn hir datblygodd David gorff nerthol. Dyna pryd y dechreuodd e godi pwysau, er mwyn ceisio cryfhau a datblygu ei gorff.

Nid dod yn godwr pwysau oedd y bwriad gwreiddiol felly, ond ym 1979 penderfynodd gystadlu ym Mhencampwriaethau Codi Pwysau Cymru – ac ennill! Gwelodd gŵr o'r enw Den Welch e'n perfformio, ac fe gafodd David ei ddenu i fynd i Fryste i gael ei hyfforddi gan Den.

Gwnaeth gynnydd aruthrol yno, ac ym 1982, ac yntau yn ddim ond 17 oed, cafodd ei ddewis i dîm Cymru ar gyfer Gêmau'r Gymanwlad. Rhoddodd berfformiad gwych yno, a synnu pawb drwy ennill y fedal aur. Roedd yn amlwg fod gan Gymru seren newydd yn y gamp.

Yn dilyn ei lwyddiant, cafodd ei ddewis fel aelod o dîm Prydain ar gyfer Gêmau Olympaidd Los Angeles, 1984, ac yntau yn ddim ond 19 oed. Bu bron ag ennill medal ar ei ymweliad cynta â'r Gêmau, gan iddo ddod yn bedwerydd.

Daeth yn bedwerydd eto yng Ngêmau Olympaidd 1988 yn Seoul. Ond mae'n syndod ei fod wedi gallu cystadlu yno o gwbl, gan iddo gael salwch drwg ryw bythefnos cyn y gystadleuaeth. Bu mewn ysbyty am wythnos yn ceisio gwella, a dim ond wythnos arall gafodd e i ymarfer ar ôl gadael yr ysbyty. Heb unrhyw amheuaeth, byddai wedi ennill medal pe bai e wedi bod yn holliach.

Er hynny, roedd yn dal i gasglu medalau a chafodd fedalau aur yng Ngêmau'r Gymanwlad ym 1990 ac ym 1994. Er iddo fynd i'r Gêmau Olympaidd ym 1992, roedd wedi cael anaf, a gwnaeth hynny amharu ar ei berfformiad. Er iddo ennill medal arian yng Ngêmau'r Gymanwlad, 1998, doedd e ddim yn hapus o gwbl. Mae'n cyfaddef nad oedd ei agwedd yn iawn yn ystod y gystadleuaeth, a chostiodd hynny'n ddrud iddo. O ganlyniad i hyn collodd ddiddordeb yn y gamp am ychydig, ond erbyn 2000 roedd peth o'r hen awydd a'r ysbryd i gystadlu wedi dychwelyd. Ym Mhencampwriaethau Codi Pwysau y Meistri, yn Florida y flwyddyn honno, llwyddodd David i dorri record y byd yn ei ddosbarth. Roedd ei yrfa'n llwyddiannus unwaith eto, a'r nod nesa oedd ceisio ennill ar ei bumed cynnig yng Ngêmau'r Gymanwlad. Eto i gyd, medal arian a gafodd ar ddiwedd y gystadleuaeth. Ond roedd tro yng nghynffon y stori! Rai wythnosau'n ddiweddarach cafodd wybod ei fod yn derbyn y fedal aur, gan i'r enillydd, cystadleuydd o India, fethu'r prawf cyffuriau.

Naddo, ni lwyddodd David Morgan i ennill y fedal Olympaidd roedd mor awyddus i'w hennill. Ond gallwn ni fel Cymry fod yn falch i'r cawr hwn benderfynu cystadlu dros Gymru yn dilyn pwysau gan ei dad i wneud hynny. David ydi'r unig un sy'n gallu dweud iddo gynrychioli ei wlad mewn chwech o Gêmau'r Gymanwlad, gan ennill naw medal aur a thair arian yn ystod ei yrfa.

MERCH BENDERFYNOL:
TANNI GREY-THOMPSON

Merch o Gaerdydd yn wreiddiol ydi Tanni Grey-Thompson, a datblygodd i fod yn un o Baralympwyr enwoca Prydain oherwydd ei llwyddiant wrth gystadlu mewn cadair olwyn. Mae'r medalau a'r teitlau a enillodd hi yn dweud y cyfan – 16 o fedalau Olympaidd, yn cynnwys 11 aur, pedair arian ac un efydd. Ac fel pe na bai hynny'n ddigon, llwyddodd hefyd i ennill Marathon Llundain chwe gwaith. Felly, yn ystod ei gyrfa bu Tanni'n cystadlu mewn rasys dros bob pellter, bron – o'r 100 metr i'r marathon. Pa ryfedd ei bod wedi ennill ei lle fel un o'n hathletwyr mwya disglair erioed!

Cafodd Tanni ei geni ym 1969. A dweud y gwir, dyw Tanni ddim yn rhan o'i henw go iawn. Ei henw ydi Carys Davina, ond roedd Siân, ei chwaer, yn mynnu ei galw hi'n 'Tanni' – dyna'i ffordd hi ar y pryd o ddweud 'tiny'. A glynodd yr enw. Aeth i Ysgol Gynradd Birchgrove, Caerdydd, ac yna i Ysgol Gyfun St Cyres, Penarth.

Yn yr ysgol y dechreuodd hi ymddiddori mewn chwaraeon. Roedd hi wedi'i geni â'r cyflwr *spina bifida*, ond roedd hi'n benderfynol na fyddai hynny'n ei rhwystro rhag cymryd rhan mewn pob math o weithgareddau. Gartref roedd ei rhieni'n gefnogol iawn, ac yn pwysleisio y gallai hi lwyddo mewn unrhyw beth roedd hi'n dymuno ei wneud. Fe ofalon nhw ei bod hi'n cael cyfle i gymryd rhan mewn amrywiaeth o weithgareddau. Ar yr aelwyd roedd parch i bopeth Cymreig a diddordeb mawr hefyd mewn chwaraeon.

Mae hi'n cyfaddef ei hun ei bod hi'n ferch styfnig, yn benderfynol a ddim yn hoffi colli. Daeth hyn yn amlwg yn ystod y blynyddoedd y bu hi'n cystadlu. Doedd dim ildio i fod ac unwaith roedd hi wedi penderfynu yn ei harddegau mai athletwraig roedd hi am fod, aeth ati'n llawn brwdfrydedd.

O ganlyniad cafodd sawl llwyddiant, ac wedi iddi ddechrau cael blas ar ennill, doedd dim troi'n ôl i fod. Pan fyddai'n colli, gwnâi hynny iddi ymdrechu fwyfwy.

Penderfynodd fynd i Goleg Loughborough, gan fod chwaraeon yn cael lle mor amlwg yno. Ac yn ystod ei chyfnod yn y coleg y cafodd ei dewis am y tro cynta i fod yn rhan o dîm Prydain yng Ngêmau Paralympaidd Seoul, 1988. Bu hwnnw'n brofiad gwerthfawr iawn iddi, a daeth oddi yno gyda medal efydd yn y ras 400 metr. Roedd ar ben ei digon, ac yn benderfynol o ddal ati a gwneud hyd yn oed yn well yn Barcelona ymhen pedair blynedd.

Caiff y Gêmau Paralympaidd eu cynnal yn fuan wedi'r Gêmau Olympaidd, bob pedair blynedd. Mae 'para' yn golygu 'ochr yn ochr', ac felly maen nhw'n cael eu cynnal i gydredeg â'r Gêmau Olympaidd ac ar yr un safle. Cafodd y Gêmau Paralympaidd swyddogol cynta eu cynnal yn Rhufain ym 1960, gyda 400 o athletwyr o 23 o wledydd. Dim ond athletwyr mewn cadeiriau olwyn oedd yn cael cystadlu y flwyddyn honno, ond erbyn hyn mae'r Gêmau wedi datblygu'n aruthrol. Pan gafodd y Gêmau Paralympaidd eu cynnal yn Beijing yn 2008, roedd pobl yno yn eu miloedd yn gwylio'r holl gystadlu. Egwyddor fawr y Gêmau Paralympaidd ydi fod y pwyslais nid ar anabledd y cystadleuwyr ond yn hytrach ar yr hyn maen nhw'n gallu ei gyflawni.

Graddiodd Tanni o Loughborough ym 1991, ac felly roedd ganddi flwyddyn, yn rhydd o waith coleg, i baratoi ar gyfer Gêmau Paralympaidd Barcelona. Gwnaeth ddefnydd da o'r flwyddyn, gan weithio'n hynod o galed. Erbyn iddi gyrraedd Barcelona, roedd yn dal record y byd yn y rasys 100, 200, 400 ac 800 metr! Pa ryfedd iddi fynd yn ei blaen i gipio'r fedal aur yn y pedair ras hyn yn Barcelona. Ac ar ben hynny, roedd hi'n aelod o'r tîm a enillodd y fedal arian yn y ras gyfnewid 4×100 metr. Erbyn Barcelona roedd y Gêmau Paralympaidd wedi ennill eu lle, a chawson nhw lawer mwy o sylw nag a gawson nhw yn Seoul.

Ymlaen felly i Atlanta ym 1996. Ond cyn y Gêmau hynny, wrth gwrs, roedd Tanni wrthi'n cystadlu ac yn ennill mewn pob math o rasys. Os rhywbeth, cymerodd y Gêmau Paralympaidd gam yn ôl yn Atlanta. Ychydig o sylw a gafodd y Gêmau hyn ar y teledu yn yr Unol Daleithiau, a doedd pethau wedi datblygu fawr ddim ers Barcelona. I ychwanegu at hyn, roedd cariad Tanni, sef Ian Thompson, oedd hefyd yn cystadlu yno, wedi cael anawsterau yn ystod ei gystadleuaeth e. Ond bwriodd Tanni iddi gyda'i brwdfrydedd arferol a chafodd ei hamserau gorau erioed yn y rasys 100, 400 ac 800 metr. Yn ogystal, torrodd record y byd yn y ras 200 metr. Enillodd fedal aur yn y ras 800 metr, a thair medal arian yn y Gêmau. Er iddi wneud mor dda drwy ennill pedair medal, eto i gyd teimlai Tanni iddi fethu gan ei bod hi'n anelu i ennill y fedal aur ym mhob ras.

Profiad gwahanol a llawer hapusach oedd Gêmau Sydney, 2000. Cynhaliodd yr Awstraliaid Gêmau Paralympaidd gwych, ac roedd cefnogaeth frwd i'r holl gystadleuwyr. Llwyddodd yr awyrgylch ragorol yno i sbarduno Tanni i berfformio ar ei gorau a daeth oddi yno, fel yn Barcelona, a hithau wedi ennill pedair medal aur, yn y rasys 100, 200, 400 ac 800 metr. Doedd neb wedi medru ei churo ar y trac.

Roedd hi nawr yn wynebu ei phumed Gêmau Paralympaidd yn Athen yn 2004, ac roedd hi'n sylweddoli mai'r rhain fyddai'r Gêmau ola y gallai hi gystadlu ynddyn nhw, mwy na thebyg. Erbyn hyn roedd hi'n wraig briod, a chanddi ferch fach o'r enw Carys, wedi'i geni yn 2002. Felly, roedd yn rhaid iddi bellach fagu'r ferch fach yn ogystal â gofalu am y cartref. Ond roedd hi'n benderfynol o fynd i Athen i gystadlu, ac aeth ati i baratoi mor ofalus ag arfer. Ond dechrau gwael iawn gafodd hi yno. Cafodd ras dactegol wael dros 800 metr a chostiodd hynny'n ddrud iddi. Doedd dim gobaith am fedal, a theimlai Tanni'n isel iawn ar ôl y ras. Ond wedi'r siom, daeth ei natur benderfynol i'r amlwg unwaith eto, ac aeth ymlaen i ennill medalau aur yn y rasys dros 100 a 400 metr.

Wrth ystyried pa mor llwyddiannus y bu mewn Gêmau Paralympaidd, mae'n hawdd anghofio'r ffaith ei bod hefyd yn gystadleuydd marathon o fri. Bu'n cystadlu mewn rasys marathon ar draws y byd, a chael llwyddiant mawr. Hi oedd brenhines Marathon Llundain i rai mewn cadair olwyn, ac enillodd y ras honno chwe gwaith.

Er y llwyddiant hwn, ac er ei bod yn mwynhau cystadlu mewn rasys marathon, mae Tanni'n mynnu ei bod hi'n well rasiwr ar y trac nag oedd hi mewn marathon. Ac i Tanni, ennill yn y gwahanol Gêmau Paralympaidd ydi'r uchafbwyntiau yn ei gyrfa.

Roedd rhai'n meddwl tybed a fydden ni'n ei gweld hi'n rhoi un cynnig arall arni yng Ngêmau Beijing, 2008, ac yn cystadlu yn ei chweched gêmau. Ond na. Roedd y penderfyniad wedi'i wneud a doedd hi ddim yn cael yr un blas wrth ymarfer. Felly, yn 2007 penderfynodd Tanni y byddai'n ymddeol. Penderfynodd mai Cwpan y Byd Paralympaidd, a gâi ei gynnal ym Manceinion y flwyddyn honno, fyddai ei chystadleuaeth ola. Roedd hwn yn ddiwrnod emosiynol iawn iddi, ac yn ddiwrnod pan ddaeth gyrfa un o'n hathletwyr enwoca i ben.

Enillodd lu o anrhydeddau. Cafodd yr MBE a'r OBE, ac ym Mawrth 2010 cafodd ei gwneud yn arglwyddes am oes, gyda'r teitl Y Farwnes Grey-Thompson. Derbyniodd nifer o raddau er anrhydedd, gan gynnwys doethuriaeth anrhydeddus gan nifer o brifysgolion. Enillodd deitl Personoliaeth Chwaraeon y Flwyddyn BBC

Cymru deirgwaith, ym 1992, 2000 a 2004.

Yn Eisteddfod Genedlaethol y Bala, 2009, cafodd ei derbyn yn aelod o Orsedd y Beirdd. O wybod pa mor bwysig ydi Cymreictod iddi ac o gofio am yr ymdrech a wnaeth i ddysgu'r iaith Gymraeg, fyddai hi ddim yn syndod clywed mai hon ydi un o'i hanrhydeddau pwysica.

DŴR, DŴR AC YN Y DŴR

Cyn Gêmau Olympaidd Llundain, 2012, mae'n ddiddorol sylwi bod Cymru wedi ennill hanner cant o fedalau Olympaidd ers Gêmau Llundain, 1908. Roedd 20 ohonyn nhw'n fedalau aur, 12 yn arian a 18 yn efydd. Wrth ystyried mai yn gymharol ddiweddar y daeth pyllau nofio'n gyffredin yn ein trefi a'n dinasoedd, y syndod ydi fod 11 o'r medalau wedi'u hennill yn y pwll nofio. Mae chwech arall wedi'u hennill mewn amrywiol gystadlaethau rhwyfo a hwylio. Felly, mae 17 o fedalau wedi'u hennill yn y dŵr neu ar y dŵr.

Bydd campau David Davies yn cael eu trafod mewn pennod arall, ond os edrychwn ni'n ôl dros y Gêmau blaenorol, fe welwn mai'r seren yn y pwll oedd Paulo Radmilovic, o Gaerdydd.

Bachgen caled oedd Paulo ac fe gafodd ei fagu yn ardal y dociau, yng Nghaerdydd. Yn ogystal â'i gampau yn y dŵr, roedd e hefyd yn athletwr gwych, yn golffiwr dawnus ac yn dda am ddefnyddio'i ddyrnau – mantais fawr i rywun oedd yn byw yn ardal Bute Street ar y pryd. Yn y gamlas yn agos i'w gartref y dechreuodd y Paulo ifanc nofio, mewn dŵr brwnt o ganlyniad i'r diwydiant allforio glo. Doedd dŵr afon Taf ddim glanach na dŵr y dociau, ond byddai Paulo wrth ei fodd yn nofio yn yr afon. Byddai ras nofio yn afon Taf bob blwyddyn, y 'Taff Swim' ac roedd Paulo'n gystadleuydd cyson. Oherwydd hyn cafodd ei lysenwi'n 'Siarc y Taf'.

Er ei fagwraeth galed enillodd bedair medal aur yn y Gêmau Olympaidd. Felly, fe oedd cystadleuydd Olympaidd mwya llwyddiannus Prydain erioed, nes i Syr Steve Redgrave ennill ei bumed medal aur yng Ngêmau Sydney, 2000.

Enillodd y fedal aur gynta yng Ngêmau Llundain, 1908, yn y ras gyfnewid 4×200 metr, a'r ail yn yr un Gêmau, fel aelod o dîm polo dŵr Prydain. Diddorol ydi sylwi iddo hefyd gyrraedd y rowndiau cynderfynol yn y rasys 100, 400 a 1,500 metr dull rhydd. Felly, roedd Gêmau 1908 yn rhai prysur iawn iddo.

Erbyn Gêmau Stockholm, 1912, roedd Paulo wedi penderfynu rhoi ei holl sylw i'r gystadleuaeth polo dŵr, gan ei fod bellach yn gapten tîm Prydain yn y gamp honno. Gyda Paulo wrth y llyw, enillodd y tîm y fedal aur unwaith eto.

Yn rownd derfynol y gystadleuaeth polo dŵr yng Ngêmau Antwerp, 1920, roedd Prydain yn erbyn y tîm cartref, Gwlad Belg. Roedd hon yn frwydr galed a dioddefodd nifer o'r chwaraewyr anafiadau a chleisiau drwg. Paulo sgoriodd y gôl a enillodd y gêm. Cymaint oedd casineb cefnogwyr y tîm cartref fel y bu'n rhaid cael gwarchodwyr arfog i arwain tîm Prydain allan o'r pwll ac i ddiogelwch. Ond roedd y fedal aur yn ddiogel yn eu meddiant.

Hon oedd medal Olympaidd ola Paulo. Yng Ngêmau Amsterdam, 1928, roedd e yno eto'n cynrychioli Prydain, ond enillodd e ddim medal y tro hwn. Yn cystadlu yn erbyn Paulo a'i dîm yn y Gêmau hyn roedd dyn ifanc cyhyrog o'r enw Johnny Weissmuller o dîm yr Unol Daleithiau. Daeth e'n enwog yn ddiweddarach fel Tarzan mewn ffilmiau.

Roedd un sialens eto i'w hwynebu cyn iddo ymddeol o rasio'n gystadleuol. Er ei fod bellach yn 44 oed aeth Paulo i Gêmau'r Ymerodraeth a oedd yn cael eu cynnal am y tro cynta erioed yn Hamilton, Ontario, ym 1930 fel aelod o dîm Cymru. Ond y tro hwn hefyd dychwelodd heb fedal. Bu'n nofio'n gyson nes ei fod ymhell dros ei 70 oed, a blwyddyn cyn iddo farw, cafodd ei anrhydeddu drwy gael ei dderbyn i'r International Swimming Hall of Fame yn Florida. Clod haeddiannol iawn.

Y flwyddyn y bu Paulo farw, 1968, roedd un arall o fechgyn Caerdydd yn disgleirio yn y pwll nofio a'i enw oedd Martyn Woodroffe.

Erbyn hyn roedd Pwll yr Ymerodraeth wedi cael ei adeiladu yn y brifddinas ar gyfer Gêmau'r Ymerodraeth, 1958. Felly roedd gan Martyn bwll o'r safon ucha i ymarfer ynddo. Disgybl chweched dosbarth yn Ysgol Uwchradd Cantonian oedd Martyn pan gafodd ei ddewis yn nhîm Prydain yng Ngêmau Olympaidd Mecsico, 1968, yn 18 oed.

Llwyddodd i gyrraedd rownd derfynol ras 200 metr y dull pilipala, a bu bron iddo â chipio'r fedal aur. O drwch blewyn, 0.3 eiliad, Carl Robie o'r Unol Daleithiau enillodd y fedal aur a bu'n rhaid i'r Cymro fodloni ar y fedal arian. Ffaith ddiddorol ydi mai'r ola yn y ras honno oedd Mark Spitz o'r Unol Daleithiau. Bedair blynedd yn ddiweddarach, yng Ngêmau Munich, enillodd Spitz saith medal aur yn y cystadlaethau nofio.

Yn y ras ym Mecsico, aeth Spitz ar y blaen yn y dechrau, ond aeth Martyn a Robie heibio iddo. Robie oedd ar y blaen, ond gwnaeth Martyn ymdrech arwrol i'w ddal tua diwedd y ras. Robie enillodd, ond daeth Martyn yn arwr i'r genedl dros nos, a bu dathlu mawr yn ei ysgol pan glywson nhw'r newyddion. Ef oedd Personoliaeth Chwaraeon y Flwyddyn BBC Cymru y flwyddyn honno.

Rhaid peidio ag anghofio'r merched a fu'n

llwyddiannus yn y dŵr hefyd. Irene Steer o Gaerdydd oedd y ferch gynta erioed o Gymru i ennill medal aur Olympaidd. Gwnaeth hynny yng Ngêmau Stockholm, 1912, yn y ras gyfnewid 4×100 metr dull rhydd, a hithau'n 22 oed. Hi oedd yn nofio'r cymal ola yn y ras, a thrwy ei hymdrechion, llwyddodd tîm Prydain i ennill y fedal aur gynta erioed i dîm nofio merched Prydain. Pan oedd Irene yn blentyn, roedd Llyn Parc y Rhath, Caerdydd, yn lle poblogaidd iawn i nofio ynddo ac yno y cafodd hi flas ar y gamp.

Dwy fedal efydd Olympaidd enillodd Valerie Davies, a hynny yn yr un Gêmau, sef Los Angeles, 1932. Yn Llyn Parc y Rhath y dechreuodd hithau nofio hefyd ac erbyn iddi gyrraedd 15 oed, roedd hi wedi ennill 14 o bencampwriaethau yng Nghymru. Cafodd ei dewis yn nhîm Prydain ar gyfer y Pencampwriaethau Nofio Ewropeaidd, a oedd i'w cynnal yn Bologna ym 1927. Enillodd fedal aur, fel aelod o dîm cyfnewid 4×100 metr Prydain – tipyn o gamp i ferch bymtheg oed!

Fel aelod ifanca tîm Cymru, cafodd y fraint o gario baner Cymru yng Ngêmau'r Ymerodraeth yn Hamilton ym 1930, ac enillodd dair medal – dwy arian ac un efydd.

Er ei bod yn ifanc, roedd hi eisoes yn nofwraig brofiadol erbyn Gêmau Olympaidd Los Angeles.

Hi oedd yr unig nofwraig o Brydain i ennill medal unigol yno. Cyflawnodd hynny yn y ras 100 metr, drwy nofio ar ei chefn, gan gipio'r fedal efydd. Daeth medal efydd arall iddi fel aelod o dîm Prydain yn y ras gyfnewid 4x100 metr dull rhydd.

Doedd hi ddim yn syndod, felly, mai hi gafodd ei dewis yn gapten tîm Cymru ar gyfer Gêmau'r Ymerodraeth yn Llundain ym 1934. Enillodd fedal efydd yn y ras 100 metr, a hi oedd yr unig nofwraig o Gymru i ennill medal. Roedd y 'Taff Swim' bellach yn cael ei gynnal yn Llyn Parc y Rhath, a byddai Valerie'n dal i gystadlu a nofio yno. Erbyn heddiw daeth y ras i ben ac, oherwydd llygredd, does neb yn nofio yn y llyn hyfryd hwn.

Os edrychwn ni ar dabl yr enillwyr Olympaidd o Gymru, un enw amlwg ydi Hugh Edwards, a enillodd ddwy fedal aur am rwyfo. Digwyddodd hyn yng Ngêmau Los Angeles, 1932, ac enillodd Hugh y ddwy fedal aur ar yr un diwrnod. Cyflawnodd y gamp yn y ras rwyfo i barau heb lywiwr a'r ras rwyfo i bedwar heb lywiwr. Yn ddiweddarach trodd ei law at hyfforddi ac ef oedd hyfforddwr y tîm o bedwar o Gymru a gipiodd y fedal arian yng Ngêmau'r Gymanwlad yn Perth, Awstralia, 1962.

Yn anffodus, un rhwyfwr rhagorol na fydd

yn cystadlu yng Ngêmau Llundain, 2012, ydi Tom Lucy, a hynny er iddo ennill medal arian yng Ngêmau Beijing yn 2008. Ar ôl ei fuddugoliaeth yn Beijing yn y gystadleuaeth rwyfo i wyth dyn, penderfynodd Lucy roi'r gorau iddi, gan ei fod am ymuno â'r Royal Marines. Bu ei ymadawiad yn golled fawr i'r byd rhwyfo, yn enwedig o ystyried ei fod mor ifanc – fe oedd yr aelod ifanca o dîm rhwyfo Prydain yn Beijing. Ond doedd e ddim am barhau; er ei fod yn mwynhau'n fawr, roedd e'n amau a oedd ganddo'r ymroddiad a'r penderfyniad i ddal ati. Fe wnaeth yn dda iawn i ennill ei le yn y tîm ar gyfer Beijing, ar ôl nifer o berfformiadau rhagorol, ac roedd e a'r tîm yn siomedig iawn na chawson nhw'r fedal aur. Canada enillodd y fedal honno.

Y Cymro arall a ddisgleiriodd ar y dŵr yn Beijing oedd Tom James, sy'n wreiddiol o Gaerdydd ac sy'n byw yng Nghoed-poeth, ger Wrecsam. Y ras rwyfo i bedwar heb lywiwr oedd ei gystadleuaeth e, a daeth oddi yno gyda medal aur. Daeth yn amlwg fel rhwyfwr yn ystod ei gyfnod ym Mhrifysgol Caergrawnt, a bu'n cynrychioli Caergrawnt yn y ras flynyddol yn erbyn Rhydychen bedair gwaith. Ond dim ond unwaith y bu yn y tîm buddugol, sef yn 2007, ei ras ola dros y coleg. Roedd ei ras gynta yn 2003 yn un gyffrous iawn hefyd, gyda Rhydychen yn ennill o droedfedd yn unig!

Aeth i Gêmau Olympaidd Athen yn 2004, ond yn anffodus cafodd ei daro'n wael y noson cyn y rownd ragbrofol. Siomedig oedd y criw o fethu cyrraedd y rownd derfynol.

Cafodd ei ddewis unwaith eto ar gyfer Gêmau Beijing, i rwyfo yn y ras i bedwar heb lywiwr. Er iddo ddioddef o anafiadau yn y cyfnod cyn y Gêmau, roedd hi'n amlwg yn y rowndiau rhagbrofol mai tîm Prydain oedd y gorau. Yr un oedd y stori yn y rownd gynderfynol hefyd. Ond doedd y ffeinal ddim yn ras hawdd o bell ffordd, gydag Awstralia'n arwain am y rhan fwya o'r ras. Ond mewn diweddglo cyffrous daeth tîm Prydain drwodd reit ar y diwedd, a llwyddo i ennill o drwch blewyn, mewn amser o 6 munud 6.57 eiliad.

Mae enw Tom ymysg y rhai sy'n gobeithio cael eu dewis i gystadlu yng Ngêmau Llundain. Byddai'n braf gweld medal aur arall yn cael ei hennill gan y Cymro cystadleuol hwn.

DAU GYMERIAD LLIWGAR:
JAMIE BAULCH AC IWAN THOMAS

DAU GYMERIAD LLIWGAR A fu'n rhan o'r sîn athletau yn y 1990au oedd Jamie Baulch ac Iwan Thomas. Roedd Iwan, â'i wallt golau, golau, ei gamau hirion a'i redeg hamddenol yn hollol wahanol i Jamie. Byddai'n rhaid i Jamie a'i goesau byrrach daranu rownd y trac. Ac yn hanes Jamie, wyddech chi ddim pa steil fyddai i'r gwallt, na pha liw fyddai e o un wythnos i'r llall! Pan ymddangosodd Jamie ar drac yn Awstralia unwaith, a'i wallt lliwgar yn sticio i fyny fel y dail ar ben pinafal, cafodd ei alw yn 'Flying Pineapple'. Dyna'r teitl a ddewisodd e i'w hunangofiant byr yn 2011.

Ond er yr hwyl, y gwalltiau lliwgar a'r tynnu coes, nid oes unrhyw amheuaeth am allu'r ddau ohonyn nhw fel athletwyr. Y ras 400 metr oedd dewis gamp y ddau, ac er bod dull y ddau o redeg y ras yn gwbl wahanol, roedden nhw'n gallu cystadlu'n gyffyrddus â goreuon y byd. Enillodd y ddau nifer fawr o anrhydeddau, gan ddod â chlod i dimau athletau Cymru a Phrydain.

Mae Jamie yn byw yng Nghaerdydd ar hyn o bryd, ond i Ysgol Gyfun Risga yr aeth e. Yn yr ysgol honno y dechreuodd gymryd diddordeb mewn chwaraeon. Yno y sylweddolodd ei fod yn gallu rhedeg yn gynt na llawer o'r bechgyn, a phenderfynodd ymuno â chlwb rhedeg yng Nghasnewydd, sef y Newport Harriers. Yn ddiweddarch ymunodd â Chlwb Athletau Caerdydd. Mae'n cyfaddef ei fod yn gystadleuol iawn a'i fod am ennill bob amser. Ond dod i gysylltiad ag athletwyr fel Colin Jackson a wnaeth iddo gymryd athletau o ddifri. Bu Colin yn ddylanwad mawr arno a bu'n ei hyfforddi am gyfnod. Yn ystod y cyfnod hwn y daeth Jamie i sylweddoli faint o waith caled y byddai angen iddo'i wneud os oedd e'n mynd i lwyddo fel athletwr rhyngwladol.

Er mai yn Lloegr y cafodd Iwan Gwyn Thomas ei eni ac er mai yn Southampton y mae e'n byw bellach, mae'r enw'n dangos bod ei wreiddiau yng Nghymru. Ac mae'n falch o'r gwreiddiau hynny. Yn wir, bob tro y câi ei ddewis i gynrychioli Cymru, roedd yn gwneud hynny gydag urddas a balchder. Daeth yn amlwg gynta mewn athletau ym Mhencampwriaethau Iau y Byd ym 1992, pan oedd yn aelod o dîm cyfnewid 4x400 metr Prydain. Ac er nad enillodd y tîm fedal, roedd yn amlwg fod Iwan yn rhedwr ifanc addawol dros ben. Pan oedd yn fyfyriwr prifysgol, cafodd ei ddewis i gynrychioli Cymru i redeg y ras

400 metr yn Chwaraeon y Gymanwlad, 1994. Llwyddodd i gyrraedd y rownd gynderfynol.

Ond mor wahanol oedd steil rhedeg y ddau. O'i gymharu â rhedwyr 400 metr eraill, un cymharol fyr ydi Jamie ac felly mewn ras byddai'n rhaid iddo ddechrau rhedeg yn gyflym o'r cychwyn cynta a'r holl ffordd o gwmpas y trac. Roedd rasys Iwan yn fwy tactegol, a byddai'n adeiladu ei ras gan greu uchafbwynt at y diwedd. Byddai Iwan yn dibynnu llawer ar ei nerth i wibio at y llinell derfyn.

Bu'r ddau ohonyn nhw'n llwyddiannus iawn yn rhedeg y ras 400 metr i unigolion. Enillodd Jamie ym Mhencampwriaethau'r Byd yn Maebashi ym 1999, cafodd fedal arian ym Mharis ym 1997, ac efydd yn Birmingham yn 2003. Enillodd Iwan fedalau aur unigol yn y Pencampwriaethau Ewropeaidd yn Budapest, yng Ngêmau'r Gymanwlad yn Kuala Lumpur, ac yng Nghwpan y Byd yr IAAF yn Johannesburg. Iwan sy'n dal record Prydain am y ras 400 metr, sef 44.36 eiliad, ac ef hefyd sy'n dal record Gêmau'r Gymanwlad.

Ond yn ogystal â'u perfformiadau fel unigolion, cawson nhw lwyddiant mawr hefyd fel aelodau o dîm Prydain Fawr yn y ras gyfnewid 4x400 metr. Mae bod yn aelod o dîm fel hyn yn rhoi pwysau ychwanegol ar athletwr. Rhaid iddo ystyried eraill a gallu dod ymlaen yn dda gyda nhw. Mae'n rhaid iddyn nhw ddibynnu llawer ar ei gilydd er mwyn sicrhau llwyddiant. Yn ogystal â thechneg rhedeg, rhaid gofalu bod y baton yn cael ei drosglwyddo o law i law yn llwyddiannus. Mae'n syndod faint o dimau sy'n gollwng y baton ar yr eiliad bwysig mewn rasys cyfnewid. Mae diffyg canolbwyntio gan un aelod, neu'r penderfyniad anghywir, yn golygu bod y tîm cyfan yn dioddef.

Pan ddaeth hi'n amser dewis tîm y ras gyfnewid 400 metr ar gyfer Gêmau Olympaidd Atlanta ym 1996, roedd gobeithion Prydain yn uchel. Roedd nifer o redwyr rhagorol ar y pellter hwnnw ar gael, ac yn ogystal â Jamie ac Iwan, roedd Roger Black, Mark Richardson, Mark Hilton a Du'aine Ladejo i gyd yn rhedeg yn dda. Roedd Iwan wedi'i ddewis i redeg y ras 400 metr unigol hefyd, a llwyddodd i ddod yn bumed yn y rownd derfynol, mewn cystadleuaeth gref.

Wedi iddyn nhw lwyddo yn y rowndiau rhagbrofol, dewis y pedwar i redeg yn y ffeinal oedd y broblem. Penderfynwyd mai'r pedwar fyddai'n rhedeg y cymalau cyflyma yn y rowndiau rhagbrofol fyddai'n rhedeg yn y ras derfynol, a rhoddodd hyn bwysau enfawr ar y chwe aelod yn y tîm. Llwyddodd Iwan, Mark a Roger i sicrhau eu lle, ac yna llwyddodd Jamie, o drwch blewyn, i redeg yn gynt na Ladejo. Felly, roedd cyfuniad da yn y tîm – dau Gymro a dau Sais.

Y penderfyniad oedd mai Iwan fyddai'n rhedeg y cymal cynta, gan ei fod bob amser yn rhedeg lap dda ar ddechrau ras, a byddai'n gallu gosod y tîm mewn safle da. Jamie fyddai'r nesa, oherwydd ei allu i wibio'n ddi-baid am y 400 metr. Yna Mark Richardson ar y trydydd cymal cyn trosglwyddo'r baton i Roger Black am y cymal ola.

Y prif wrthwynebwyr, fel arfer, oedd tîm yr Unol Daleithiau, ac roedd ganddyn nhw dîm hynod o bwerus. Pan dderbyniodd e'r baton gan Iwan, ffrwydrodd Jamie i ffwrdd, ond cyn hir roedd Alvin Harrison o'r Unol Daleithiau wrth ei ochr. Dechreuodd Harrison wawdio'r Cymro wedi iddo'i ddal, gan alw 'Oh yeah, baby!' arno. Gwnaeth y gwawd Jamie'n fwy penderfynol byth ac wrth iddo redeg heibio i Harrison, dyma fe'n gwneud sŵn corn car yn canu ar yr Americanwr! Yn y diwedd, tîm yr Unol Daleithiau enillodd y fedal aur, gyda thîm Prydain yn cael y fedal arian – canlyniad teg a'r Americanwyr yn haeddu ennill.

Fe ddaethon nhw benben â'r Americanwyr

eto y flwyddyn wedyn ym Mhencampwr-
iaethau'r Byd yn Athen. Yr un pedwar oedd
eto'n cynrychioli Prydain a'r un oedd y
canlyniad, gyda Phrydain yn ennill y fedal
arian. Ond mae tro yng nghynffon y stori.
Yn 2008 cyfaddefodd aelod o dîm buddugol
yr Unol Daleithiau, Antonio Pettigrew,
iddo gymryd cyffuriau er mwyn gwella'i
berfformiad. Ar y 7fed o Ionawr 2010,
cyhoeddwyd nad yr Americanwyr, felly, oedd
wedi ennill y ras ym 1997 a bod y fedal aur
i'w dyfarnu i dîm Prydain Fawr. Ond doedd
pob aelod o dîm America ddim yn fodlon
dychwelyd eu medalau, a bu'n rhaid gwneud
rhai newydd. Cyflwynwyd medalau Iwan a
Jamie iddyn nhw yn 2010 – 13 o flynyddoedd
wedi'r gystadleuaeth!

Y bwgan mawr i Iwan drwy gydol ei yrfa
fu anafiadau, a hynny yn y diwedd ddaeth â'i
yrfa fel athletwr i ben. Pe na bai wedi cael yr
anafiadau hyn, mae'n weddol sicr y byddai
wedi ennill llawer mwy o fedalau nag a wnaeth.
Cafodd anaf drwg i'w bigwrn ym 1999, a bu'n
rhaid cael triniaeth lawfeddygol cyn iddo wella.
Cafodd anafiadau pellach yn 2003 a 2004, ac
felly ni allai gael ei ystyried ar gyfer Gêmau
Olympaidd 2004. Yr un fu'r hanes unwaith eto
yn 2006, a methodd gynrychioli Cymru yng

Ngêmau'r Gymanwlad, Melbourne, oherwydd anaf.

Ers iddo ymddeol, mae Jamie wedi cadw'i gysylltiad â'r byd athletau, gan ei fod yn bennaeth cwmni rheoli chwaraeon. Felly mae'n gallu bod o gymorth i genhedlaeth newydd o athletwyr a chwaraewyr. Mae'n dal i ymarfer yn gyson, ac yn 2010 rhedodd ras dros 100 metr yn erbyn ceffyl rasio ar gwrs Kempton Park, ar gyfer elusen. Mae adlais o chwedl Guto Nyth Brân yn y ras hon! Ac Iwan? Wel, mae e'n wyneb eitha cyfarwydd bellach ar y teledu, ac mae wedi cymryd rhan mewn nifer o raglenni, megis *Through the Keyhole*, a hyd yn oed *Celebrity MasterChef*.

Yn ei lyfr *The Flying Pineapple*, mae Jamie'n dweud bod personoliaethau lliwgar yn brin bellach yn y byd athletau, a 'bod y cymeriadau wedi diflannu'. Wel, yn sicr roedd ei gyfnod e ac Iwan ar y brig yn un difyr iawn, a rhoddodd y ddau ohonyn nhw bleser mawr i bawb sy â diddordeb mewn athletau.

AR EI FEIC Y CARAI FOD:
GERAINT THOMAS

ERS BLYNYDDOEDD LAWER, MAE Stadiwm Maendy yng Nghaerdydd wedi bod yn faes i bobl sy â diddordeb mewn chwaraeon. Bu yno ornestau bocsio, yn ogystal â gêmau pêl-fas, pêl-droed a rygbi, a'r stadiwm oedd prif ganolfan athletau Cymru am gyfnod maith. Yma roedd AAA Cymru yn cynnal eu pencampwriaethau a Gêmau Cymru yn ogystal.

Yn y stadiwm hefyd mae trac seiclo sy'n gartref i Glwb Seiclo Caerdydd. Yma bu cystadlaethau seiclo Gêmau'r Ymerodraeth ym 1958. Roedd cyn-bencampwr seiclo'r byd, yr enwog Reg Harries, yn dweud ei fod yn un o'r traciau gorau iddo reidio arno erioed.

Ac i'r stadiwm hon y daeth bachgen bach deg oed o'r enw Geraint Thomas, a oedd yn byw yn yr Eglwys Newydd, i ymuno â chlwb seiclo'r Maindy Flyers. Yn 11 oed roedd Geraint yn mynd i Ysgol Uwchradd yr Eglwys Newydd, a diddordeb ganddo mewn rygbi, pêl-droed a nofio. Ond roedd yn dechrau cael blas ar seiclo hefyd, a chyn hir dechreuodd ennill rasys yn lleol. Yna mentrodd ymhellach i gystadlu, a dechreuodd ennill rasys mewn gwahanol rannau o Brydain.

Rhoddodd y buddugoliaethau hyn hyder iddo, a phan oedd yn 19 oed, ac yn cystadlu yn yr adran iau, enillodd Bencampwriaethau'r Byd a hefyd Bencampwriaethau Ewrop. Dyma pryd y dechreuodd ystyried y byddai efallai'n gallu gwneud bywoliaeth drwy seiclo. Roedd gweld perfformiadau pobl fel Nicole Cooke a Bradley Wiggins hefyd yn codi'i galon ac yn ysbrydoliaeth iddo.

Fel pob chwaraewr proffesiynol da, mae Geraint yn gwybod bod angen disgyblaeth ac ymroddiad i lwyddo. Mae ymarfer caled yn bwysig, a rhaid mynd allan ar y beic, waeth beth fo'r tywydd. Mae e'n ystyried bod ffyrdd a lonydd Cymru yn dda iawn i ymarfer arnyn nhw – digon o riwiau i gyflymu curiad y galon! Rhaid bwyta'n synhwyrol hefyd, oherwydd mewn rasys fel y Tour de France, rhaid osgoi cario mwy o bwysau nag sydd raid.

Un peth sydd wedi tarfu dipyn ar rasys fel y Tour de France yn y blynyddoedd diwetha ydi'r ffaith bod rhai seiclwyr yn defnyddio cyffuriau er mwyn ceisio gwella'u perfformiad. Mae gan Geraint deimladau cryfion ynglŷn â hyn. Yn wir, mae'n falch iawn fod awdurdodau'r byd seiclo yn cymryd y broblem o ddifri, ac yn awyddus i gael gwared ar y twyllwyr. Daw'r cyfan ag enw drwg i'r gamp, ond diolch byth, mae'r profion cyffuriau bellach yn llymach ac yn fwy effeithiol.

Dywedodd Geraint fod angen stamina eithriadol ar gyfer rasys ffordd fel y Tour de France, gan eu bod wrthi am oriau bob dydd yn seiclo. Bydd rhannau helaeth o'r rasys hyn yn cynnwys dringo mynyddoedd serth. Pan fydd grwpiau o seiclwyr yn teithio'n glòs at ei gilydd, mae angen sgiliau trin beic da iawn gan fod yn rhaid ymateb yn gyflym. Gall bod yn ddiofal neu ddiffyg canolbwyntio arwain at drychineb. Wrth wylio diwedd un o gymalau'r Tour de France, a'r rhuthr gwyllt am y llinell derfyn, gallwn weld yn union beth mae Geraint yn ei olygu.

Ofn pob rasiwr beiciau ydi cael codwm a disgyn, gan y gall damwain o'r fath achosi niwed mawr. Rhaid i seiclwyr dderbyn ei bod yn debygol iawn y byddan nhw'n cael damwain rywbryd yn ystod eu gyrfa. Digwyddodd damwain waetha Geraint yn Sydney, Awstralia, yn 2005, pan oedd allan yn ymarfer. Aeth y reidiwr oedd o'i flaen dros ddarn o fetel, ac aeth y darn metel i mewn i olwyn flaen Geraint. Disgynnodd oddi ar ei feic yn drwm, gan daro yn erbyn y bariau metel ar ochr y ffordd. Bu'n rhaid mynd ag ef i'r ysbyty ar unwaith, a bu'n rhaid tynnu ei ddueg (spleen) allan, neu mae'n bosibl y byddai wedi marw.

Cafodd ddamwain ddifrifol arall yn 2009, wrth deithio'n rhy gyflym i lawr rhiw yn yr Eidal. Disgynnodd gryn bellter i'r ffordd oddi tano, gan dorri ei glun ac asgwrn yn ei law. Gwellodd y glun yn weddol fuan, ond bu'n rhaid cael triniaeth lawfeddygol cyn y gallai'r llaw wella'n iawn.

Fel mewn nifer o gampau a chwaraeon eraill, mae seiclo ar y trac hefyd bellach yn gamp lle mae angen gwybodaeth dechnegol a gwyddonol. Mae rhan o eiliad yn gallu gwneud y gwahaniaeth rhwng ennill a cholli, a rhaid bod mor effeithlon â phosibl.

Mae gan seiclwyr ddewis, naill ai rasio trac neu rasio ar y ffordd, ac mae Geraint wrth ei fodd, ac yn gyffyrddus gyda'r ddau fath o gystadlu. Fel rheol, rasio fel aelod o dîm y bydd e ar y trac, a dyna sut yr enillodd ei fedal aur yng Ngêmau Olympaidd Beijing, 2008. Mae pedwar aelod yn y tîm a rhaid i'r pedwar orffen y ras. Rhaid rasio yn erbyn y cloc am 16 lap. Bydd dau dîm ar y tro yn rasio, gan ddechrau gyferbyn â'i gilydd ar y trac a bydd aelodau'r tîm yn dilyn ei gilydd yn un rhes. Y reidiwr ar y blaen sy'n gorfod gweithio galeta, felly caiff hwnnw ei newid yn aml a bydd yn disgyn yn ôl i'r cefn a gadael i'r ail gymryd ei le.

*

Yn y flwyddyn 2007 y penderfynodd Geraint droi'n seiclwr proffesiynol. Roedd hwn yn gam mawr, gan ei fod yn golygu y byddai'n rhaid iddo gystadlu'n gyson mewn rasys pwysig. Yn wir, penderfynodd gystadlu yn y Tour de France y flwyddyn honno a phrin bod unrhyw ras galetach na'r ras honno. Gyda llaw, fe oedd y Cymro cynta i gystadlu yn y Tour de France ers Colin Lewis, ym 1967. Cafodd ras anodd, ond daliodd ati'n ddygn hyd y diwedd, a chael boddhad mawr o lwyddo i orffen. Byddai'r profiad o werth mawr iddo yn y dyfodol. Cafodd ei enwebu am Bersonoliaeth Chwaraeon y Flwyddyn BBC Cymru y flwyddyn honno, a daeth yn drydydd.

Yn 2007 hefyd bu tîm Prydain yn fuddugol ym Mhencampwriaethau'r Byd ym Mallorca yn y ras i dimau ar y trac. Rhoddodd hyn foddhad mawr i Geraint, gan ei fod bellach yn cystadlu ar lwyfan byd, ac yn dod â'i freuddwyd yn fyw. Y flwyddyn ddilynol roedd Pencampwriaethau'r Byd ym Manceinion, a'r tro hwn torrodd y tîm record y byd.

Penderfynodd gystadlu yn y Tour de France unwaith eto yn 2010, ac roedd hon yn ras go wahanol i'w Tour gynta. Roedd yn yr ail safle yn nhrydydd cymal y ras, a chafodd y fraint o wisgo'r crys gwyn i reidwyr ifanc. Cadwodd y crys gwyn am bedwar diwrnod ac ar ôl wythnos o seiclo, dim ond ugain eiliad oedd rhyngddo a'r un oedd yn arwain y Tour. Roedd e wrth ei fodd. Daeth yn 67fed yn y ras, ac yn nawfed yn y dosbarth i seiclwyr iau.

Cafodd Gêmau'r Gymanwlad yn Delhi, 2010, lawer o sylw yn ystod yr wythnosau yn arwain at yr agoriad. Yn wir, roedd rhai'n amau a fyddai'r lle'n barod i allu cynnal y Gêmau. Gwelson ni luniau o'r cawlach yno ar y teledu, ac roedd y sefyllfa'n anfoddhaol iawn. Penderfynodd nifer o bobl na fydden nhw'n mynd yno i gystadlu ac roedd Geraint yn un ohonyn nhw. Roedd yn dyheu am gael cynrychioli ei wlad a chystadlu dan faner y Ddraig Goch. Ond gan iddo golli ei ddueg (spleen) yn dilyn y ddamwain ddifrifol a gawsai, roedd yn ofni na fyddai ei gorff yn gallu gwrthsefyll clefydau neu afiechydon. Penderfynodd, felly, fod y risg yn ormod. Siom oedd methu cynrychioli Cymru, gan fod Geraint yn falch iawn o'i Gymreictod ac yn falch o arddel hynny. Ef oedd yr unig Gymro yn y Tour de France, a theimlai hi'n fraint fawr cael bod yno yn cynrychioli ei wlad. Yng Ngêmau Olympaidd Beijing, siom oedd deall bod y rheolau'n gwahardd dangos unrhyw faner ar wahân i Jac yr Undeb.

Awr fawr Geraint oedd ennill medal aur

yn Beijing fel aelod o'r tîm yn y ras ymlid. Penderfynodd na fyddai'n cystadlu yn y Tour de France y flwyddyn honno, fel y byddai'n gallu rhoi ei sylw i baratoi ar gyfer y Gêmau Olympaidd. Tîm Prydain oedd y ffefrynnau am y fedal aur, ac ar 17 Awst, yn y Laoshan Velodrome, fe dorron nhw record y byd mewn rownd rhagbrofol. Fe orffennon nhw mewn amser o 3 munud a 55.202 eiliad, gan guro tîm Rwsia yn gyffyrddus a mynd drwodd i'r ffeinal. Aelodau'r tîm oedd Ed Clancy, Paul Manning, Bradley Wiggins a Geraint. Yn y ffeinal, enillon nhw'r fedal aur gan guro tîm Denmarc a thorri eu record byd unwaith eto drwy orffen mewn 3 munud a 53.314 eiliad. Yn Beijing fe ddewisodd Geraint beidio â chystadlu yn y ras unigol, fel y byddai'n gallu canolbwyntio ar y ras i dimau.

Yn dilyn y fuddugoliaeth hon, daeth Geraint a gweddill y tîm yn boblogaidd ac yn 2009 cafodd ei anrhydeddu â'r MBE. Ond y flwyddyn honno, unwaith eto cafodd ddamwain ddrwg. Erbyn diwedd y flwyddyn, fodd bynnag, roedd e'n ôl ar ei feic, ac mewn cystadleuaeth Cwpan y Byd ym Manceinion. Llwyddodd y tîm i ennill y fedal aur, gyda'r amser ail orau erioed yn y ras ymlid i dimau. Ar ddiwedd 2009, ymunodd Geraint â Thîm Sky.

Daeth llwyddiant eto yn 2011, ac ym mis Mai

enillodd ras bum diwrnod y Bayern-Rundfahrt. Ym Mehefin daeth yn ail i Bradley Wiggins ym Mhencampwriaethau Rasio Ffordd Prydain.

Y sialens nesa oedd y Tour de France unwaith eto, ac ar y diwrnod cynta gorffennodd yn chweched, i hawlio'r crys gwyn. Llwyddodd i gadw'r crys gwyn tan seithfed cymal y ras. Yn ystod y cymal hwn, cafodd Bradley Wiggins ddamwain go ddrwg, a bu'n rhaid iddo adael y Tour o'r herwydd. Collodd gweddill Tîm Sky gryn dipyn o amser wrth aros am Wiggins. Brwydrodd Geraint yn ddewr yng nghymalau ola'r Tour, a llwyddo i orffen yn 31fed – tipyn o gamp mewn ras mor heriol ac anodd.

Mae gan Geraint agwedd synhwyrol iawn at ei gamp, ac er ei fod wrth ei fodd yn cystadlu ac yn ennill medalau, mae'n llwyddo i gadw'r cyfan mewn persbectif. Mae'n sylweddoli bod mwy i fywyd nag ennill bri a medalau.

Mae'n argoeli y bydd 2012 yn flwyddyn lwyddiannus arall i Geraint. Y nod, wrth gwrs, fydd Gêmau Olympaidd Llundain, a'r gobaith ydi y bydd y Cymro gwylaidd yn ein syfrdanu unwaith eto gyda'i berfformiadau disglair. Byddai'n braf ei weld unwaith eto'n ychwanegu medal arall at ei gasgliad sylweddol.

MEISTRES TAIR CAMP:
HELEN JENKINS

MEDI 2011, AC MAE merch o Gymru'n
Bencampwraig Triathlon y Byd am yr ail waith.
Roedd yn rhaid iddi gystadlu mewn cyfres o
saith ras mewn blwyddyn, a'r un a fyddai â'r
mwya o bwyntiau ar y diwedd fyddai'n ennill.
Ail oedd Helen Jenkins yn y ras derfynol, yn
Beijing, ond roedd hi wedi ennill digon o
bwyntiau i ennill y bencampwriaeth. Er bod
Helen wedi ennill y bencampwriaeth hon
unwaith o'r blaen yn 2008, roedd wrth ei bodd
yn ennill y teitl yr ail waith am y byddai'n rhoi
hyder iddi cyn y Gêmau Olympaidd yn Beijing
y flwyddyn honno.

Er iddi gael ei geni yn yr Alban ym 1984,
mae Helen wedi byw am y rhan fwya o'i bywyd
yma yng Nghymru. Felly mae hi wrth ei bodd
yn cael cynrychioli Cymru. Ei thad oedd yn
cystadlu mewn cystadlaethau triathlon a
dyna sut y dechreuodd yr Helen ifanc gymryd
diddordeb yn y gamp. Aeth i gystadlu mewn
ras yn Ffrainc pan oedd yn ifanc a dyna pryd y
meddyliodd y dylai gymryd y gamp o ddifri.

Cystadleuaeth anodd ydi'r triathlon, gan fod
yn rhaid perfformio ar lefel uchel mewn tair
camp gwbl wahanol. I ddechrau, rhaid nofio, a

hynny fel arfer mewn dŵr agored. Yna neidio ar y beic am yr ail gymal, a gorffen drwy redeg ar y ffordd.

Daeth Helen Tucker – dyna ei henw cyn iddi briodi – yn enwog yn y gamp yn 2005, pan ddaeth yn drydydd yng Nghwpan y Byd ym Manceinion. Yn dilyn hyn daeth yn drydydd ym Mhencampwriaethau Ewrop o dan 23 oed. Bu ennill y medalau hyn yn hwb mawr i'w hyder a dechreuodd gredu bod ganddi'r gallu i lwyddo yn y gystadleuaeth.

Fel yn hanes nifer o athletwyr eraill, mae dioddef anafiadau yn ofid cyson. Y flwyddyn fwya anlwcus i Helen oedd 2007. Wrth i'r Gêmau Olympaidd yn Beijing, 2008, agosáu, roedd Helen yn gobeithio cynrychioli Prydain. Ond cafodd anafiadau, a doedd pethau ddim yn edrych yn obeithiol. Eto i gyd mae Helen yn ferch benderfynol, a brwydrodd i wella o'r anafiadau hyn a chael ei dewis i fynd i Beijing ar ôl perfformio'n ddisglair. Wedi dod yn ail yng Nghwpan y Byd ym Madrid, a dod yn Bencampwraig Byd cafodd yr hyder i wynebu'r gystadleuaeth yn Beijing ym mis Awst.

Pan wawriodd y diwrnod pwysig, sef 18 o Awst, roedd Helen ar y llinell gychwyn gyda 54 o ferched eraill, yn cynrychioli 30 o wledydd. Yn cynrychioli Prydain gyda hi roedd Hollie

Avil. Hwn oedd y trydydd tro i'r triathlon ymddangos ar raglen y Gêmau Olympaidd ac felly mae'n gamp Olympaidd eitha newydd.

I ddechrau, rhaid oedd nofio 1,500 metr mewn dŵr agored. Yna 40 cilometr ar y beic, ac yn dilyn gwrthdrawiad, cwympodd nifer o'r beicwyr a cholli eu cyfle i gystadlu. Yna, ar ôl nofio a beicio roedd y cymalau'n brifo a'r corff yn flinedig, ond roedd yn rhaid iddi redeg am 10 cilometr wedyn ar y ffordd.

Llwyddodd Helen i orffen y ras yn 21ain, ar ôl nofio mewn 19 munud a 52 eiliad, seiclo mewn 1 awr, 4 munud a 17 eiliad, a rhedeg mewn 37 munud a 39 eiliad, sef cyfanswm o 2 awr 1 funud ac 8 eiliad.

Ond roedd rhai cystadleuwyr gwych yn y ras honno, a'r enillydd teilwng iawn oedd Emma Snowsill o Awstralia, a lwyddodd i gwblhau'r cwrs mewn amser o 1 awr 58 munud a 27 eiliad. Roedd hyn 1 funud a 6 eiliad o flaen un o'r ffefrynnau, sef Vanessa Fernandes o Bortiwgal, ac 1 funud a 28 eiliad o flaen Awstraliad arall, Emma Moffatt, a enillodd y fedal efydd.

Hyfforddwr Helen ar y pryd yn Beijing oedd Marc Jenkins. Yn dilyn y Gêmau priododd y ddau ym mis Hydref y flwyddyn honno.

Yn ystod y blynyddoedd diwetha, mae Helen wedi cystadlu mewn nifer o wahanol wledydd, ac ym mhrif gystadlaethau byd y triathlon. Gêmau Olympaidd Llundain 2012 ydi'r nod bellach, a rhoddodd y gystadleuaeth yn Beijing brofiad gwerthfawr iddi. Bydd nifer fawr o'r merched y bu hi'n cystadlu yn eu herbyn dros y blynyddoedd diwetha yno, ac mae Helen yn sylweddoli y bydd eisiau ymdrech arbennig i gipio'r fedal aur. Ym myd y triathlon, mae'n gwybod bod cyfle i gystadleuwyr nad ydynt yn enwau mawr i ennill medalau. Felly, rhaid ymarfer a pharatoi yn ofalus iawn.

Gwnaeth y croeso a gafodd y rhai hynny a fu'n cystadlu yn Beijing ar ôl dod yn ôl i Gymru argraff fawr ar Helen. Er ei bod yn falch o gael cynrychioli Prydain ar y llwyfan byd-eang, mae'n teimlo bod mwy o agosatrwydd a'r teimlad o berthyn i'w gael o fewn tîm Cymru. 'Mae mwy o angerdd yn nhîm Cymru na thîm Prydain,' meddai. Gobeithio y bydd ei hangerdd yn ei harwain hithau at y fedal aur yn Llundain 2012.

DAI SPLASH! DAVID DAVIES

Ei FFUGENW YDI 'DAI Splash', felly dim ond ag un gamp y gallwn ei gysylltu – nofio. A'r nofiwr a ddaeth â chlod i Gymru yn ystod degawd gynta'r ganrif hon ydi David Davies, y nofiwr o'r Barri. Mae e'n nofiwr rhydd gwych yn y rasys 200 a 400 metr ac mae'n dal record Prydain dros 400 ac 800 metr dros y cwrs hir. Eto i gyd ry'n ni'n ei gysylltu â rasys hirach, ac yn arbennig y ras 1,500 metr. Erbyn hyn mae ganddo gasgliad mawr o fedalau aur, arian ac efydd a enillodd ym Mhencampwriaethau'r Byd ac Ewrop, ac yng Ngêmau'r Gymanwlad a'r Gêmau Olympaidd.

Er mwyn gallu cystadlu'n gyson yn y rasys 1,500 metr, mae angen stamina a lefel o ffitrwydd eithriadol o uchel. Yn sicr mae gan David yr adnoddau corfforol – mae e'n chwe throedfedd dwy fodfedd o daldra, a'i gorff yn lluniaidd. Gall symud drwy'r dŵr yn gyflym ac mae ei dechneg yn wych gan sicrhau nad ydi'n gwastraffu egni – rhywbeth pwysig i rywun sy'n nofio pellter hir.

Yn rhyngwladol, daeth yn amlwg yn 17 oed, pan enillodd fedal arian ym Mhencampwriaethau Ewrop dros y cwrs byr.

Yn dilyn hyn yn 2003 enillodd fedal aur ym Mhencampwriaethau Iau Ewrop.

Bu 2004 yn flwyddyn fawr i David. Cafodd ei ddewis i gynrychioli Prydain yn y ras 1,500 metr, dull rhydd, yng Ngêmau Olympaidd Athen. Roedd y Cymro wrth ei fodd pan gafodd ei ddewis yn aelod o'r tîm a bu'n paratoi'n galed. Un nofiwr arall fyddai yno oedd Grant Hackett o Awstralia, a enillodd y fedal aur yng Ngêmau Olympaidd Sydney, 2000. Byddai e'n benderfynol o amddiffyn ei deitl yn y ras, felly. Roedd Hackett, heb unrhyw amheuaeth, yn un o'r nofwyr gorau a welodd y byd erioed dros y pellter hwn. Roedd e chwe blynedd yn hŷn na David, ac yn brofiadol dros ben. Felly byddai'n rhaid i David roi perfformiad go arbennig os oedd am obeithio ennill medal.

Ac mi lwyddodd. Rhoddodd David berfformiad gwych mewn ras galed a chystadleuol. Ar ôl 550 metr, roedd David yn yr ail safle y tu ôl i Hackett, gyda Larsen Jensen o'r Unol Daleithiau'n dynn yn y trydydd safle. Roedd Jensen hefyd yn nofiwr eithriadol o gryf, ac yn fuan wedyn aeth heibio i'r Cymro. Yna bu brwydr galed rhwng Jensen a Hackett am y fedal aur. Llwyddodd Hackett i ennill y ras, gan dorri record y Gêmau Olympaidd sef 14 munud a 43.40 eiliad.

Roedd Hackett wedi llwyddo unwaith eto i sicrhau nad oedd wedi colli'r un ras ers saith mlynedd. Daeth Jensen yn ail, a David yn drydydd, ac mae amserau'r ddau yn dangos pa mor agos oedd David i'r fedal arian – Jensen 14 munud a 45.29 eiliad a David 14 munud a 45.95 eiliad. Roedd amser David yn un gwych, ac roedd wedi llwyddo i nofio'r pellter mewn deuddeg eiliad yn llai na'i amser personol gorau hyd hynny. Dim ond tri nofiwr oedd wedi nofio'n gynt na'r amser hwn erioed, sef Hackett, Jensen a chyn-bencampwr y byd, Kieren Perkins. Pa ryfedd i David ddweud bod hwn yn un o ddiwrnodau gorau ei fywyd!

Rhoddodd y fuddugoliaeth hon hyder enfawr iddo, ac enillodd fedalau arian ac efydd ym Mhencampwriaethau'r Byd ac Ewrop yn ystod y blynyddoedd nesa. Yng Ngêmau'r Gymanwlad ym Melbourne, yn 2006, aeth David allan i Awstralia gyda thîm Cymru yn llawn brwdfrydedd, ac yn ffefryn i gipio'r fedal aur yn y ras 1,500 metr dull rhydd. Ac ni chawsom ein siomi. Cipiodd y fedal aur, a daeth hefyd yn drydydd yn y ras 400 metr dull rhydd, gan ennill y fedal efydd.

Y prawf mawr nesa fyddai Gêmau Olympaidd Beijing, 2008. Roedd David wedi penderfynu cystadlu mewn dwy ras, sef y 1,500 metr dull rhydd, a ras newydd i'r Gêmau Olympaidd, sef y marathon 10 cilometr. Chweched oedd e yn y ras 1,500 metr, ond yn dilyn hynny roedd ras galeta ei fywyd yn ei wynebu.

Roedd y marathon 10 cilometr i'w chynnal mewn dŵr agored, yn hytrach nag yn y pwll nofio, a hynny ar 21 Awst, ym Mharc Olympaidd Rhwyfo a Chanŵio Shunyi. Roedd hon yn mynd i fod yn ras hir ac anodd, heb unrhyw rasys rhagbrofol. Byddai pawb yn dechrau gyda'i gilydd, ac erbyn y cychwyn roedd 25 o nofwyr ar y llinell, yn cynrychioli 24 o wledydd.

Oherwydd ei bod yn ras mor hir, roedd pedwar llwyfan allan ar y dŵr, lle byddai hyfforddwyr yn gallu cynnig diod, a gair o gyngor efallai, i'r nofwyr. Pe bai'r hyfforddwr yn digwydd cwympo i mewn i'r dŵr o'r llwyfannau hyn wrth estyn diod, yna byddai'r nofiwr druan yn cael ei wahardd o'r ras.

Yn ystod y ras hon roedd hi'n amlwg fod nifer o'r nofwyr yn dioddef, a bu'n rhaid i David ddefnyddio pob owns o egni a phenderfyniad oedd ganddo. Gwnaeth yr ymdrech ei feddwl yn ddryslyd, ac roedd wedi ymlâdd yn llwyr. Llwyddodd i orffen yn ail, gan ennill y fedal arian. Ar ddiwedd y ras roedd pobl yn poeni amdano, a bu'n rhaid i'r staff Cymorth Cynta ei gludo ar stretsier fel y gallai ddod ato'i hun yn iawn. Roedd wedi bod yn ras i'w chofio, a'r Cymro wrth ei fodd yn dychwelyd o Beijing â medal arian. Enillydd y ras oedd Maarten van der Weijden o'r Iseldiroedd, gyda David yn ail a Thomas Lurz o'r Almaen yn drydydd.

PENCAMPWRAIG AR DDWY OLWYN: NICOLE COOKE

YN YSTOD Y BLYNYDDOEDD diwetha mae seiclo wedi dod yn boblogaidd iawn yn y wlad hon. Golygfa gyffredin bellach ydi gweld unigolion a grwpiau o bobl yn seiclo ar y ffyrdd. Bydd beicwyr eraill yn gwibio drwy'r mwd a'r dŵr ar hyd llwybrau'r wlad neu yn ein fforestydd. A phan fydd rasys fel y Tour de France yn cael eu dangos ar y teledu, byddwn yn synnu pa mor gyflym mae'r beicwyr yn mynd. Rydyn ni'n gweld hefyd mor beryglus y gall seiclo fod, pan fydd grŵp mawr o feicwyr yn teithio'n gyflym gyda'i gilydd. O syrthio ar y ffordd galed, gallan nhw ddioddef anafiadau poenus iawn. Yn ogystal â rhyfeddu at eu cyflymder, mae'n destun syndod hefyd pa mor ffit ydi'r cystadleuwyr hyn, yn enwedig y rhai sy'n cystadlu yn y Tour de France.

Ond nid dynion yn unig sy'n seiclo, wrth gwrs, ac un o sêr rasio ar y ffordd i ferched ers blynyddoedd bellach ydi'r Gymraes Nicole Cooke. Mae'n syfrdanol beth lwyddodd y ferch ifanc hon o'r Wig, Bro Morgannwg i'w wneud. Caiff Nicole bellach ei chydnabod fel un o sêr y byd am rasio ar y ffordd. Mae'n rasiwr beiciau proffesiynol ac ar hyn o bryd mae'n reidio i dîm MCipollini-Giordana.

Dechreuodd seiclo pan oedd hi'n ifanc iawn ac yn ddisgybl yn Ysgol Gyfun Brynteg, Pen-y-bont ar Ogwr, ac ymuno â chlwb beicio Ajax Caerdydd. Cyn hir roedd hi wedi ennill ei theitl cenedlaethol cynta. Daeth yn fuddugol ym Mhencampwriaethau Rasio Ffordd Cenedlaethol Cymru i oedolion – yr ifanca erioed i wneud hynny. Ddwy flynedd yn ddiweddarach, a hithau yn ddim ond 18 oed, roedd yn fuddugol ym Mhencampwriaeth Cyclo-cross Cenedlaethol Prydain. Unwaith eto hi oedd yr ifanca erioed i gyflawni'r gamp honno.

Am fod mor llwyddiannus yn ystod y blynyddoedd cynnar hyn derbyniodd Wobr Goffa Bidlake am ei chyfraniad i seiclo ym Mhrydain. Roedd y ferch o'r Wig yn sicr yn dechrau gwneud enw iddi hi ei hun.

Y cam mawr nesa oedd troi'n seiclwr proffesiynol, ac yn 2002 ymunodd Nicole â thîm Sbaenaidd-Eidalaidd Deia-Pragma-Colnago. Yn ystod ei thymor proffesiynol cynta, enillodd nifer o rasys pwysig mewn gwledydd tramor. Uchafbwynt y flwyddyn honno iddi oedd ennill y fedal aur yn y ras ffordd yng Ngêmau'r Gymanwlad ym Manceinion. Ond gorffennodd y flwyddyn ar nodyn digon sur, gan i dîm Deia-Pragma-

Colnago fynd i drafferthion ariannol. O ganlyniad aeth y tîm hwnnw â'i beic oddi arni cyn Pencampwriaethau Seiclo Ffordd y Byd.

Bu'r flwyddyn 2003 yn gymysgedd o lwc ac anlwc. Enillodd rasys pwysig iawn, megis La Flèche Wallonne Féminine, a daeth yn bencampwraig Rasys Cwpan y Byd i Ferched. Hi oedd yr ifanca erioed i ennill y gystadleuaeth honno, a'r unig ferch o Brydain i'w hennill erioed. Yn sgil ei llwyddiannau, cafodd ei dyfarnu'n Bersonoliaeth Chwaraeon y Flwyddyn BBC Cymru. Ond yna daeth yr anlwc. Pan oedd yn cystadlu yn y Tour de Grand Montréal, fe drawodd yn erbyn beic modur yr heddlu, a bu'n rhaid iddi gael nifer o bwythau mewn anaf i'w phen-glin. Dim ond tair wythnos wedi hynny cafodd ddamwain arall yn ras y Giro de Trentino. O ganlyniad i'r ddwy ddamwain dioddefodd boenau yn ei phen-glin am weddill y tymor. Ond y geiriau pwysig i Nicole ydi, 'Dros dro mae poen, mae bri am byth.'

O ganlyniad i'w hanafiadau, bu'n rhaid iddi gael triniaeth lawfeddygol ar ei phen-glin yn 2004. Yna, o fewn dim roedd Nicole yn ôl ar ei beic ac yn ennill rasys. Daeth yn Bencampwraig Prydain, ac yna enillodd ras anodd iawn, y Giro d'Italia Femminile. Wedyn, bant â hi i Athen i'r

Gêmau Olympaidd, gan ddod yn bumed yn y ras ar y ffordd i ferched.

Ond y flwyddyn ganlynol, dioddefodd anaf arall, a hithau'n paratoi ar gyfer Gêmau'r Gymanwlad, 2006, ym Melbourne. Torrodd bont ei hysgwydd, ond eto roedd hi'n benderfynol o geisio amddiffyn y teitl a enillodd bedair blynedd ynghynt. Ond lwyddodd hi ddim, a bu'n rhaid iddi fodloni ar y fedal efydd.

Bu 2006-7 yn gyfnod hynod o lwyddiannus, a chafodd nifer o fuddugoliaethau mewn rhai o rasys beicio merched pwysica'r byd. Enillodd y Grande Boucle, sef fersiwn y merched o Tour de France, yn 2006 a 2007.

Yna daeth anaf arall i'w blino ar ddiwedd tymor 2007, gan achosi iddi golli Pencampwriaethau'r Byd yn Stuttgart. Roedd hwn yn amser anffodus iawn i gael anaf, gan y byddai'r Gêmau Olympaidd yn Beijing yn 2008. Roedd Nicole yn awyddus iawn i gystadlu yno, wrth gwrs. Bu'r anaf yn ergyd drom i'w pharatoadau ac yn wir ystyriodd roi'r gorau i seiclo yn sgil yr anaf hwnnw.

Ond diolch byth, erbyn i'r Gêmau Olympaidd gyrraedd, roedd Nicole wedi adennill yr hen awydd i gystadlu ac roedd yn barod am y gystadleuaeth. Ar 10 Awst roedd y ras, a dyma fyddai'r seithfed tro i'r ras ffordd i ferched gael ei chynnal yn y Gêmau Olympaidd. Roedd y ras yn Beijing yn mynd i fod yn hirach nag unrhyw un o'r rasys blaenorol a'i phellter fyddai 126.4 cilometr.

Roedd 66 cystadleuydd yn y ras, yn cynrychioli 33 o wledydd, ac roedd nifer ohonyn nhw'n enwau mawr yn y byd rasio ffordd i ferched. Ymysg y ffefrynnau roedd Judith Arndt o'r Almaen, Marianne Vos o'r Iseldiroedd a Noemi Cantele o'r Eidal. Un cystadleuydd diddorol oedd Jeannie Longo o Ffrainc, a oedd wedi cystadlu yn y ras gynta un ym 1984, a oedd bellach yn 49 oed. Yn wir roedd wedi cystadlu ym mhob ras ers 1984, gan ddod yn fuddugol ym 1996.

Un peth roedd y cystadleuwyr yn poeni amdano oedd lefel uchel y llygredd yn yr awyr yn Beijing. Yn ogystal, yn ystod ras y dynion y diwrnod cynt, roedd nifer wedi dioddef yn y gwres a'r aer llaith. Ond erbyn i ras y merched gychwyn, roedd y tywydd wedi newid. Bu'n glawio'n drwm, y gwynt yn gryf yn ystod y nos ac felly roedd hi'n llawer oerach. Ar ddechrau'r ras roedd hi'n gymylog, ond roedd y ffyrdd yn sych. Hanner ffordd drwy'r ras, dyma'r glaw'n disgyn, a dechreuodd cyflwr y ffyrdd waethygu.

Fel sy'n digwydd yn aml mewn rasys beiciau, roedd ambell ddamwain. Methodd reidiwr o Dde Korea reoli ei beic ac mewn ffos ar ochr y ffordd y glaniodd hi. Cwympodd nifer o reidwyr eraill o ganlyniad i'w damwain. Er bod yr arwyddion ffordd yn wael ac yn creu problemau, llwyddodd Nicole i osgoi'r holl drafferthion.

Bu Natalia Boyarskaya o Rwsia ar y blaen am gyfnod hir, ond o'r diwedd, dechreuodd grŵp bach o seiclwyr ei dal hi. O fewn saith cilometr i'r llinell derfyn roedd grŵp o bump yn brwydro am yr aur, a Nicole yn eu plith. Wrth agosáu at y tro diwetha ar y cwrs, doedd pethau ddim yn edrych yn rhy addawol i Nicole. Ond doedd hi ddim yn ferch fyddai'n ildio, a hithau mor agos at y llinell derfyn. Gwnaeth ymdrech arwrol, a dau gan metr o'r llinell, gwibiodd y tu allan i'r lleill a chroesi'r llinell yn gynta.

Roedd y Gymraes wedi ennill y fedal aur, ac roedd wrth ei bodd! Gyda llaw, medal Nicole oedd y 200fed medal aur i'w hennill yn y Gêmau Olympaidd gan gystadleuydd o Brydain. Emma Johansson o Sweden gipiodd y fedal arian, a Tatiana Guderzo o'r Eidal yn ennill y fedal efydd.

Un cystadleuydd na chymerodd ran yn y ras oedd Maria Isabel Moreno o Sbaen. Ar ôl cymryd prawf cyffuriau yn Beijing, diflannodd yn ôl i Fadrid. Gan fod cyffur anghyfreithlon yn ei chorff, ddychwelodd hi ddim i rasio. Hi oedd y cystadleuydd cynta i fethu prawf cyffuriau yng Ngêmau Beijing.

Ers Beijing mae Nicole yn dal wrthi. Yn ogystal ag ennill y fedal aur yn Beijing, enillodd hefyd Bencampwriaeth y Byd y flwyddyn honno. Yn wir hi oedd y ferch gynta i ennill y ddwy fuddugoliaeth o fewn yr un flwyddyn. Yn naturiol, daeth anrhydeddau i'w rhan. Cafodd yr MBE yn 2009, a hi enillodd wobr Chwaraewraig y Flwyddyn ym mhapur y *Sunday Times*.

Mae hi'n dal i gystadlu, ac yn 2010 ymunodd â'r tîm Eidalaidd MCipollini-Giordana. Gyda Geraint Thomas yn cael cymaint o lwyddiant ym myd seiclo dynion, gallwn fel Cymry deimlo'n falch fod dau Gymro ar y brig yn y gamp.

Y BACHGEN AUR: DAI GREENE

Ar 2 Medi, 2011, pennawd tudalen flaen y *Western Mail* oedd 'Golden Dai!' Roedd Dai Greene o Lanelli wedi llwyddo i ennill y fedal aur ym Mhencampwriaethau'r Byd yn y ras 400 metr dros y clwydi. Cafodd y pencampwriaethau eu cynnal yn Daegu, De Korea, a heb unrhyw amheuaeth, buddugoliaeth Dai oedd un o uchafbwyntiau'r athletwyr yn nhîm Prydain.

Fel nifer o fabolgampwyr eraill, gallai Dai fod wedi canolbwyntio ar gamp arall pan oedd yn ei arddegau. Mewn pêl-droed roedd ei ddiddordeb bryd hynny ac roedd e'n chwaraewr rhagorol. Ryan Giggs oedd ei arwr mawr, a breuddwyd Dai oedd bod mor llwyddiannus â'r dewin hwnnw ar y cae pêl-droed. Yn wir, fe fu gyda Chlwb Pêl-droed Dinas Abertawe am gyfnod, gan ddangos addewid mawr. Ond doedd e ddim yn gwbl hapus yno, oherwydd agwedd yr hyfforddwr ar y pryd. Felly, penderfynodd Dai adael y byd pêl-droed a chanolbwyntio ar redeg.

Yn yr ysgol uwchradd roedd e'n cymryd diddordeb mewn nifer o chwaraeon ac mae Dai'n meddwl ei fod yn syniad da i bobl ifanc wneud hynny. Mae gwahanol chwaraeon yn gofyn am sgiliau gwahanol. Felly, po fwya ydi nifer y chwaraeon, mwya i gyd ydi'r sgiliau y bydd y bobl ifanc yn eu datblygu. Yn ei achos e, fe fu'r sgìl o allu defnyddio'r ddwy droed i gicio pêl yn help mawr iddo wrth redeg dros y clwydi.

Wrth roi cynnig ar wahanol rasys, daeth Dai i sylweddoli bod rhedeg dros y clwydi yn dod yn gymharol hawdd iddo. Rhaid cofio bod y ras honno'n gallu bod yn ras dechnegol iawn. O ganlyniad, fe ddechreuodd ennill rasys 400 metr dros y clwydi ac o hynny y datblygodd pethau. Pan aeth e i'r coleg, dechreuodd gymryd y rhedeg yn fwy o ddifri, gan feddwl y gallai wneud yn dda ym myd athletau wrth weithio'n galed. A dyna wnaeth e. Cyn hir daeth yn ail yn y ras 400 metr dros y clwydi ym Mhencampwriaethau Iau Ewrop, a rhoddodd hynny hyder iddo ac awydd i barhau.

Ond dechreuodd anafiadau achosi trafferthion iddo; er hynny fe aeth i Bencampwriaethau Ewrop dan 23 yn 2007 ac ennill y ras yn ei amser personol gorau erioed. Roedd pethau'n edrych yn dda felly, ond cafodd ei dymor gwaetha yn 2008, gydag anafiadau'n broblem gyson iddo.

Ei flwyddyn fawr oedd 2010. Roedd e mewn cyflwr rhagorol, ar ôl llawer o waith caled, ac yn edrych ymlaen yn eiddgar i gystadlu. Erbyn i'r Gêmau Ewropeaidd yn Barcelona gyrraedd, roedd e'n cael cystal hwyl arni fel mai fe oedd y ffefryn. A wnaeth e mo'n siomi ni. Cafodd ras dda a rhedeg ei amser personol gorau i ennill y fedal aur.

Daeth salwch i'w boeni cyn Gêmau'r Gymanwlad yn Delhi, 2010, a methodd ymarfer rhyw lawer. Roedd e'n awyddus iawn i gynrychioli Cymru yno, ac er gwaetha'i broblemau, roedd e'n benderfynol o ennill y fedal aur. Llwyddodd i wneud hynny ac roedd e'n falch iawn o'i berfformiad yno oherwydd iddo gael cymaint o broblemau. Roedd e wedi gallu delio â'r sefyllfa o fod yn ffefryn er gwaetha'r holl anawsterau.

Ond mae problem o fath arall wedi bod yn poeni Dai ers pan oedd yn ifanc iawn. Mae'n dioddef o epilepsi ac mae wedi gorfod addasu ei ffordd o fyw er mwyn delio â hynny. Mae'n rhaid iddo fyw bywyd iach, drwy fwyta'r pethau iawn, peidio blino gormod a gofalu ei fod yn cael digon o orffwys. Hyd yma mae wedi llwyddo i wneud hynny.

Athletau ydi ei fywyd bellach ac mae'n gweithio'n eithriadol o galed er mwyn llwyddo yn ei gamp. Mae e'n synhwyrol iawn ynglŷn â'i lwyddiant ac mae bob amser yn cadw'i draed ar y ddaear. Mae'n mwynhau llwyddo ond mae'n gwybod nad ydi hynny'n mynd i ddigwydd heb lawer o ymdrech ac aberth. Mae'n gystadleuydd hyderus a does ganddo ddim amheuaeth ynglŷn â'i allu. Nid ydi'r cystadlaethau mawr, pwysig yn poeni rhyw lawer arno, a dyna pam ei fod bob amser yn edrych fel petai wedi ymlacio cyn ras. Yr hyn sy'n ei yrru ydi ei awydd i ennill pob ras.

Ers 2009 mae Dai wedi cael ei hyfforddi gan Malcolm Arnold, y gŵr a oedd y tu cefn i lwyddiant Colin Jackson. Mae perthynas dda rhwng Dai a Malcolm ac mae'r ddau'n parchu ei gilydd. Mae Malcolm wedi dweud, 'Fe allwn i fynd i ffwrdd am bythefnos a'i adael i ymarfer ar ei ben ei hun, gan wybod yn iawn y byddai e'n gwneud yr hyn ofynnes iddo'i wneud.' Mae Malcolm yn hyderus y bydd Dai yn cyrraedd y brig. Byddai'n siomedig iawn os na fydd Dai yn y ffeinal yn Llundain yn 2012 ac yn siomedig hefyd os na fydd e'n cipio'r fedal aur.

Aeth i Bencampwriaethau'r Byd yn Daegu yn 2011. Roedd teitlau Pencampwr Ewrop a'r Gymanwlad ganddo ers 2010 ac roedd hynny'n sail dda ar gyfer yr ymdrech i ddod yn bencampwr y byd. Colin Jackson oedd yr unig athletwr o Gymro i ennill medal aur ym Mhencampwriaethau'r Byd ac roedd Dai'n awyddus i fod yr ail i ennill un. Roedd yn gobeithio hefyd y byddai'n llwyddo i dorri record Prydain, oedd yn cael ei dal gan Kriss Akabusi, sef 47.82 eiliad. Ond yn anffodus, yn Daegu, doedd yr amgylchiadau ddim yn addas iddo wneud hynny.

Roedd Dai wedi cynllunio'r math o ras y byddai'n ei rhedeg yn ofalus, a chadwodd at y cynllun hwnnw, gan anghofio am bopeth arall. Ras anodd iawn ydi'r 400 metr dros y clwydi, gan fod yn rhaid cael y cyfuniad perffaith o dechneg a chyflymder. Un camgymeriad ac mae'r rhythm yn cael ei dorri ac anodd ydi ailafael ynddi.

Gweithiodd y cynllun yn berffaith ac enillodd Dai'r fedal aur mewn 48.26 eiliad. Javier Culson o Puerto Rico oedd yn ail, a L.J. van Zyl o Dde Affrica'n drydydd. Roedd Dai'n enillydd poblogaidd a phawb yn ei ganmol yn dilyn ei fuddugoliaeth.

Wrth gwrs, Gêmau Olympaidd Llundain ydi'r nod yn 2012. Pe bai'n ennill y fedal aur yno, byddai'n cyflawni camp fawr, drwy fod yn bencampwr Ewrop, y Gymanwlad, y byd a'r Gêmau Olympaidd. Tipyn o her! Mae ei fuddugoliaethau, hyd yn hyn, yn ei osod yn ffefryn ar gyfer ennill y fedal aur Olympaidd, ond mae hynny'n golygu hefyd, wrth gwrs, mai fe ydi'r un y bydd pawb am ei guro.

Ond nid ydi Dai'n cymryd dim byd yn ganiataol ac mae'n gwybod y bydd angen ymdrech aruthrol i ennill. Un peth pwysig o'i blaid ydi ei fod yn gallu cadw rheolaeth ar ei nerfau a hefyd ei redeg, hyd yn oed mewn rasys mawr. Roedd Kriss Akabusi wrth ei fodd pan enillodd Dai bencampwriaeth y byd ac mae'n gobeithio'n fawr y bydd y Cymro'n torri ei record Brydeinig yng Ngêmau Llundain. Dyna'n gobaith ninnau hefyd, a gwych o beth fyddai gweld Dai yn hawlio'i fedal aur gan ddod â chlod iddo fe ac i Gymru.

ATODIAD
CYMRY SYDD WEDI ENNILL MEDALAU OLYMPAIDD

1908 LLUNDAIN

Paulo Radmilovic: Polo dŵr – AUR

Paulo Radmilovic: 4x200 m nofio dull rhydd – AUR

Albert Gladstone: Rhwyfo i dîm o wyth gyda llywiwr – AUR

Reginald Brooks-King: Saethyddiaeth – ARIAN

Tîm Cymru: Hoci – EFYDD

1912 STOCKHOLM

David Jacobs: Ras gyfnewid 4x100 m – AUR

Irene Steer: 4x100 m nofio dull rhydd – AUR

Paulo Radmilovic: Polo dŵr – AUR

William Titt: Gymnasteg – EFYDD

William Cowhig: Gymnasteg (Tîm) – EFYDD

1920 ANTWERP

Paulo Radmilovic: Polo dŵr – AUR

Christopher Jones: Polo dŵr – AUR

Cecil Griffiths: Ras gyfnewid 4x400 m – AUR

John Ainsworth-Davies: Ras gyfnewid 4x400 m – AUR

1932 LOS ANGELES

Hugh Edwards: Rhwyfo i barau heb lywiwr – AUR

Hugh Edwards: Rhwyfo i bedwar heb lywiwr – AUR

Valerie Davies: 100 m nofio ar y cefn – EFYDD
Valerie Davies: 4×100 m nofio dull rhydd – EFYDD

1948 LLUNDAIN
Thomas Richards: Marathon – ARIAN
Ken Jones: Ras gyfnewid 4×100 m – ARIAN
Ron Davis: Hoci – ARIAN
William Griffiths: Hoci – ARIAN
Syr Harry Llewellyn: Marchogaeth (Tîm) – EFYDD

1952 HELSINKI
Syr Harry Llewellyn: Marchogaeth (Tîm) – AUR
John Disley: Ras ffos a pherth 3,000 m – EFYDD
Graham Dadds: Hoci – EFYDD
John Taylor: Hoci – EFYDD

1960 RHUFAIN
David Broome: Marchogaeth – EFYDD
Nick Whitehead: Ras gyfnewid 4×400 m – EFYDD

1964 TOKYO
Lynn Davies: Naid hir – AUR

1968 MECSICO
Richard Meade: Marchogaeth – AUR
Martyn Woodroffe: 200 m nofio, dull pilipala – ARIAN
David Broome: Marchogaeth – EFYDD

1972 MUNICH
Richard Meade: Marchogaeth (Tîm) – AUR
Richard Meade: Marchogaeth (Unigol) – AUR
Ralph Evans: Bocsio pwysau plu ysgafn – EFYDD

1980 MOSCOW
Michelle Probert: Ras gyfnewid 4x400 m – EFYDD
Charles Wiggin: Rhwyfo i barau heb lywiwr – EFYDD

1984 LOS ANGELES
Robert Cattrall: Hoci – EFYDD

1988 SEOUL
Colin Jackson: 110 m dros y clwydi – ARIAN

1992 BARCELONA
Helen Morgan: Hoci – EFYDD

1996 ATLANTA
Jamie Baulch: Ras gyfnewid 4x100 m – ARIAN
Iwan Thomas: Ras gyfnewid 4x100 m – ARIAN

2000 SYDNEY
Ian Barker: Hwylio – ARIAN

2004 ATHEN
David Davies: 1,500m nofio dull rhydd – EFYDD

2008 BEIJING

Nicole Cooke: Ras feicio ar y ffordd – AUR

Tom James: Rhwyfo i bedwar heb lywiwr – AUR

Geraint Thomas: Beicio (Tîm) – AUR

Tom Lucy: Rhwyfo wyth dyn – ARIAN

David Davies: 10 cilometr nofio dŵr agored – ARIAN